大切なことは
子どものころに
学んでいる……

大人のアタマで考えない。

コドモゴコロの仕事術

「できる人」研究家
夏川賀央《がお》

ビジネス教育出版社

はじめに
――「仕事で大切なこと」は、子どものころに学んでいる

秘密基地――のようなものを、あなたは持っていたことがあるでしょうか？

私もかつて、そんな秘密基地を持っていました。近くの広大な医療施設の片隅にあった、廃屋となっていた物置小屋だったのですが、友だち数人でしょっちゅう出入りしていたものです。

昔の私は、ここで密かに地球防衛の任務に就いていた……。すごいでしょう？

でも、私などはまだスケールが小さい。友人の女性は、なんと〝お城〟を持っていたそうです。しかも裏山まるごとが、〝お城〟です。

さらにそこで、彼女は魔法使いの仕事をしていたそうです。国の平和を守るため、き

っと魔法なども使っていたのでしょう……。

このような遊びは、誰でも子どものときに体験していると思います。いわゆる「○○ごっこ」という、〝見立て〟の遊びですね。

むかし「仮面ライダーごっこ」だったものが、いまは最新のライダーになって繰り返されているのでしょうし、「電車ごっこ」「お店やさんごっこ」「おままごと」「お医者さんごっこ」……私が子どものときには〝刑事と泥棒ごっこ〟の意で「ケイドロ」という遊びもありました。いつの時代でも、この種の遊びはポピュラーなのでしょう。

では、いまのあなたは、この種の「○○ごっこ」をやっているでしょうか？

いや何も、〝なんとかプレイ〟のようなものを想像しなくていいんですよ。

たとえば、いまの仕事を「社長ごっこ」ということで、経営者視線から考えてみる……。すると戦略が見えてくるから、「よし、こんな案を提出してみよう」とアイデアが出る。あるいは、「この会社、マズい！　そろそろ転職か……」なんて解決策が出てくるかもしれませんね。

あるいは開発の人なら、ちょっとだけ「営業部ごっこ」をしてみる。すると「このままではオーケーにならないな」ということで、自分のアイデアにオプションがつきます。

また営業マンだったら、「お客さんごっこ」をしてみる。すると売れなかった原因や、売り方に対するヒントも出てくる……こんなことはいくらでもあるでしょう。

「物事を形象化してイメージを創《つく》り出すことによって、現実にとって代るものを生み出す」

――これが「○○ごっこ」という遊びにある本質ですが、そんな定義づけをしているのは、文化史学の巨頭とされるホイジンガです。『ホモ・ルーデンス』（中公文庫）という書物に、この記述が出ています。

ホイジンガの考え方は、こういった〝遊び〟を通して〝文化〟がつくられていくというものです。たとえば、演劇などは確実に「神さまごっこ」から発達したものですし、セレモニーのときのさまざまな儀礼も、「エライ人ごっこ」というのが本質的にあります。

考えてみれば、〝子どもの遊び〟というのは、本来的に〝大人になるための訓練〟という要素を含んでいます。「おままごと」は家庭生活の予行演習ですし、集団で競うような遊びには、多かれ少なかれ社会生活を学ぶ意味があります。子猫だって、仲間同士で、ケンカしているんだかじゃれているんだかわからないような遊びをしますね。これも獲物を獲る訓練を兼ねているわけです。

ところが、いまの時代、そんな子どものころの〝遊び〟が、大人になってからの仕事とリンクすることはほとんどありません。間に学校教育があり、それが終わって、あらためて社会のルールを鍛え上げられる。つまり、この時点で〝遊びを通して培ったもの〟は、ほとんどの場合、ゼロの状態にリシャッフルされているわけです。

ところが、そんな〝大人になってからの仕事〟のほうは、どうなっているでしょうか？

やれ、問題解決力がないとか、発想力がないとか、コミュニケーション力がないとか……。実力主義の時代になって、とかく勝ち抜くためとばかりに〝本当なら磨いておかなければならなかった能力〟の必要性が、てんこ盛りになっているわけです。

そこで私は、〝子どものころ〟を再び考えてみることにします。

子どもの延長に、大人がある。本書の読者であるあなたも、ずっと昔は子どもだったと思います。間違いないですよね?

すると「子どものころは、こう考えた」が、成長していくうちに、「大人になって、こういう能力として役立っている」――そういうことが、もっとあるべきなのではないか?

でも、いまの社会システムによって、残念ながらそうはならなかった――。

これを取り戻すことが本書のテーマとなります。

具体的には、次のような能力を考えます。

〝疑問を持つ〟力
情熱を持って進む力
自分は〝正しい〟と信じる力
「負けたくない」と思う力
「優しくなる」力
感情を表現する力
冒険する力

これらは確実にビジネスに役立つ能力であり、それどころか人生のどんな問題にも対処できる重要な能力です。

子どものときを、思い浮かべてください。

そういえば、私にもそんな力があったかもしれない……。

こう思えるあなたは、本書で確実にチャンスをつかむことができるはずです。

私も何より、それを期待しています！

夏川　賀央

目次……大人のアタマで考えない。

コドモゴコロ 2 ミッション&パッション——情熱を持って進む力
——大人はやらない……、なんてどうして思ってしまうのか

コドモゴコロ 3
「良い」ということ――自分は〝正しい〟と信じる力
――なぜ大人は信念を貫き通せないのか

コドモゴコロ 4
負けたくないゾ！――「負けたくない」と思う力
――もっと結果を気にして自分を成長させよう

コドモゴコロ 6 素直に「感じる」こと――感情を表現する力

――〝泣く〟〝笑う〟〝怒る〟……それが仕事の基本です！

編集協力　城市創事務所

コドモゴコロ 1

なぜ?

"疑問を持つ"力

――あなたも「大人の常識」に惑わされてはいませんか――

論破できる？ 子どもたちの素朴な疑問

唐突にお聞きしますが、子どものころって結構〝おバカ〟じゃありませんでした？

いや別に、あなたの幼少時代をコケにするわけではありませんよ。私自身もそうでしたから、ひょっとしたら「あなたもそうなのでは？」と思っただけです。

たとえば、私の家には昔、石油ストーブがありました。三十年以上前のことですから、大したものではありません。箱のような形で、平べったくなった上部には、ときどきヤカンが置いてあったと思います。

きっと、その上は熱いんだろうな……？

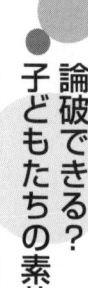

予測はできたのです。ただ、ストーブの火というのは、ガスコンロのような炎と違います。何となく、ホンワカと温まっているように見えます。

そこで実験してみました。細部までは覚えていないのですが、当時持っていたミニカーのようなものを、ストーブの上に乗っけてみたのです。

見事に、〝ドロッと溶けたミニカー〟のできあがりです。

これで、ストーブの上はやっぱり熱いんだ、ということはわかりました。実際にミニカーも熱くなっていたでしょう。証明はできました。

……でも、本当に？

どうもそのころの私は、納得ができなかったようなのです。当時の記憶を遡ることはできませんが、そうでなければ次の行動は説明がつきません。

三歳くらいの私は、そのあと自分のアゴをストーブの上に乗っけたそうです。

で、病院に連れていかれた……。幸いなことに、いまの私は〝ストーブの上は熱くなっている〟ということを、よく知っております。

「いったい何の話だ！」と、そう言わず、もう少しだけ、お付き合いください。

子どものころというのは、些細なことに疑問を持つものです。そして、なぜ疑問を持つかといったら、〝納得できないから、疑問に思う〟のです。当たり前のことですね。

たとえば、子どものころ私は、「富士山の山頂に雪が積もっている」ことが不思議で仕方ありませんでした。

バカにしてはいけませんよ。子どもの疑問ばかりを集めた、『論破できるか！　子どもの珍説・奇説』（松森靖夫編著、講談社）という本にも同じような疑問が出ています。だから別に私が特別だったのではない——そういうことにしてください。

疑問の根拠は、「太陽から近いんだから、山の上のほうが暑いんじゃないの？」というものです。「そうだよな？」なんて、あらためて不思議に思っている人、ひょっとしていませんか？

答えをここでは申しません。でも、こういう疑問って、あなたにもたくさんあったと思います。たとえば、方位磁石がなぜ北を向くのか、疑問には思いませんでしたか？

もちろん磁力があるからですが、それはどんなに目を凝らしたって見えません。地球は大きな磁石だと教えられたからといって、いったいどこが？　という感じですよね。

でも、ほとんどの人は、「そんなこと、どうだっていい」と納得しないまま、疑問を終結させます。ところが、たまに疑問を持ち続ける変な人もいる。この磁力の疑問に関していえば、それ以後、科学への興味を膨らませていったのが、アルバート・アインシュタインだそうです。

〝頭がいい〟って本当はどういうことなのか

子どものころの疑問を、私たちは解決しているのでしょうか?

それはとても〝微妙〟なところだと思います。たとえば私たち大人は、エベレストの風景やアンデスで暮らす人たちの様子を、テレビなどで見て知っています。だから「山の上は寒いんだろうな」と納得しています。磁力についても、〝ある〟ということを知っています。

でも〝知った〟だけで、実際に証明したわけではありません。幸いにもストーブの謎だけは検証済みですが、あまり自慢にもなりません。

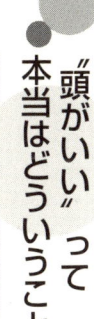

私たちがアインシュタインになれるか、あるいは凡人として終わってしまうか……まあ、そこまで言うと大げさですが、分岐点はこんなところにあるような気がします。

たとえば、かつてJR西日本の脱線事故が起こりましたが、そのときまで私は電車がどのようにして動くのか、ほとんどわかっていませんでした。ただ、「電車は決まったとおりに動くもの」と、当たり前のなかに埋没させていただけです。おそらく大多数の人が、私と同じでしょう。

でも、よく考えたら、私たちは「どんなふうに動いているか」も知らない物体に、毎日、体を預けきって安心しているのです。これは不思議なことと思いませんか?

そこで、たとえばジャングルの奥地から、「電車なんてみたことがない」という人がやってきたとしましょう。その人に電車を見せたら、「いったいどうやって動くんだろう」と、拝んでしまうほどのカルチャーショックを受けるのではないでしょうか。

この人は疑問に思い、電車について、あらゆることを聞きまくるかもしれません。そうしたら、すぐに専門家レベルになってしまった……。これはありそうなことです。

ふだん何の疑問もなく電車に乗っている状態。これは当たり前の世界に埋没している、一般的な〝大人の発想〟です。そしてジャングルから出てきた人、こちらは毎日のように疑問が頭をよぎる〝子ども発想〟となります。

でも、結果を考えると、本当に〝頭がいい〟のはいったいどちらなのでしょうか?

あるいは、こう言い換えてもいいかもしれません。

本当に仕事の成果を出せるのは、いったいどちらなのでしょうか?

〝子ども発想〟の人だけが、ビジネスにおいて成果を出せる!?

先の電車の例は何をかくそう、社会学者のマックス・ウェーバーが紹介しているものです。そして彼はまさに、「仕事の成果」は、こんな〝素朴な疑問〟を提示できるかどうかにかかっていると述べています（『職業としての学問』岩波文庫）。

たとえば、会社で経理の仕事をしている人を考えてみましょう。いつものように、出てきた数値を延々とエクセルに打ち込んでいる……それは、何の疑問もなく電車に乗っている人と同じ。「そういうものだから」と、当たり前に埋没してしまっている状態で、何も新しい変化は起こってきません。

ところが、ひとたび〝子ども発想〟になると、いつもの仕事が〝疑問だらけ〟に変わります。

「この部署の、この数はおかしいな？　なぜだろう？」

「何か全体的に落ち込んでいるような気がするんだけど、いったい会社はどこに向かっているのだろう?」

「今月もかなり悪いなあ……。でも、この商品だけは好調なんだよな。いったい、なぜだろうなあ……?」

ここから生まれる変化は、未知数です。ある人は上司に自分の疑問をぶつけて、誰も気づいていなかった問題を見つけたと評価されるかもしれない。またある人は、一つだけ伸びているビジネスに関心が深まり、そちらに転職してキャリアアップに成功するかもしれない。

さらにある人は、このような経理数値の読み方を研究して、とうとう起業家になってしまうかもしれないし、本を書く人もいるかもしれない。というか、本当に本を書いて成功した人が私の知り合いにもいます。

これはなにも、経理の仕事に限ったことではありません。

営業で、今日もいつものように、お客さんに断られてしまった。

いったい、なぜだろう?……そこには自分の仕事をレベルアップさせるチャンスがあるかもしれないし、あるいは市場ニーズに大きな変化が起こっているのかもしれません。

あるいは、部下がなかなか言うことを聞いてくれない。

なぜだろう?……そう思ったときは、自分がマネジャーとして成長する転機かもしれないし、お互いが理解し合う絶好のタイミングかもしれません。

さらに私なら、どうも今日は原稿が思うとおりに書けない。

なぜだろう?……ひょっとしたら、いま書いている本には、何か重大な落とし穴があり、出してみたら大失敗かもしれない(本書がそうでないことを祈ります)。あるいは、ひょっとしてビョーキかも?

とにかく、マックス・ウェーバーは、こういうことに気づいた人だけがビジネスにおいて成果を出せると言っているのです。そして、この〝成果〟についても私たちは考え直す必要があると思います。

いったい誰にとっての成果なのか?

もちろん、それはあなた自身にとっての成果です。

成功者はみな、素朴に「なぜ?」と思うことができる

先を急がずに、もう少し〝疑問を持つ〟ということの重要性を考えてみましょう。

よく「仮説と検証」ということが言われます。仮説とは〝疑問〟がないと始まりませんから、科学でもビジネスでも、〝疑問を持つ〟ことが出発点になっています。哲学なんて、それこそ〝疑問に答える学問〟として発達したものです。

この〝疑問〟をことさらビジネスでも重要視し続け、マーケティングを成功させてきたのがセブン−イレブンの鈴木敏文会長です。

鈴木会長の方針のもとに、セブン−イレブンでは「仮説を立てる」ということを店舗でも徹底的にやっているようです。『鈴木敏文の「本当のようなウソを見抜く」』(勝見明著、プレジデント社)には、そんな例が数多く載っています。

たとえば、ある店では、週末のお弁当の売上があまりにもバラついていたそうです。ある週は、あまりに多くのお客さんが来て、欠品が生じてしまった。これは大きな機会

ロス。ところが次の週は、あまり売れない。だから売れ残りが出て、捨てるしかなくなってしまう。これでは、どのくらい発注していいかわかりませんね。
まあ、週末だから、そんなものでしょ！――そう思ったら、先には何も生まれません。
いったい、なぜだろう？――そんなふうに疑問を持つことから、チャンスは生まれてきます。

さすがセブン－イレブンですから、このときはアルバイトの人まで集まって、徹底的な「仮説と検証」を始めます。その結果、近くに公共施設があって、週末にイベントが催されていたかどうかで、お弁当の売れ行きが左右されていたことがわかりました。それなら、イベントの開催日に合わせて発注することができます。

さらに、ここからもう一つの疑問も生まれます。イベントによって、よく売れるものがマチマチなのです。おそらく、ある日はボリュームのあるお弁当が売れて、ある日はおにぎりのようなものが売れる、といったところでしょうか。

この疑問もすぐに解けました。簡単なことです。要するに公共施設のイベントが、若い人向けなのか、高齢者向けなのかによって、売れるものが異なっていただけです。

それなら、イベントの種類をあらかじめ調べて、来店者層を予想することができますよね。セブン－イレブンの強さの秘密は、こんな〝疑問を持つ〟姿勢にあったようです。

人生について、世の中について——大人が忘れてしまった〝？〟

もちろんお店の売上アップに限らず、発見とか発明の世界だったら、こんな「ちょっとした疑問がヒントになって、大成功した」という話はいくらでもありますよね。

それこそ「リンゴはなぜ、木から落ちるんだろう？」から科学の世界を変えてしまった人もいます。飛行機だって、もとは「鳥はなぜ、飛べるんだろう？」から始まっているわけです。

もっと身近なレベルでいえば、「納豆はなぜ臭いんだろう？」から生まれた〝臭くない納豆〟とか、「なんでこんな面倒くさいコトをして、お米を毎日洗わなきゃいけないんだろう？」から生まれた無洗米も、やはりヒットしているわけです。

ただ、こうした話をいくらしたって、私たちにはピンと来ないですよね。たとえば、私がいくら「なぜ納豆は臭いのだろう？」と疑問を持ったところで、結局はトリビアが増えるだけです。科学者だったり、開発者だったりするから、疑問を解明することが重要になる。ふつうの人にとっては、「そもそも問題意識を持つべき」という発想がありません。

ところが、子どものころは、こんな〝関係のない問題〟にでも、私たちは真剣になっていたのです。それがどうしてなのかといえば、「開発者ではないから、これについて考えても仕方がない」とか、「物理学者ではないから、これについて考えても仕方がない」という発想がもともとないからです。

そこで創造の世界でプロフェッショナルとされる人は、こんな意見を言っていたりします。

創造性とは何か。この定義づけは、ひじょうにむずかしいのですが、私なりに解釈しますと、はじめの段階では、生き生きとした興味や好奇心の中で、想像とか直感が自由に発揮されるということであり、高度なものになると、モノを発明する、発見するといったことを指すのではないかと思います。高度に発達した創造性には、推理だとか思考、工夫などという客観性が求められますが、その出発点は幼児期の主観的な感動、感受性にあるといえます。

これはソニー創業者、井深大さんの『幼稚園では遅すぎる』（サンマーク文庫）という本からの引用です。井深さんは経営者として活躍するだけでなく、幼児教育にも多大な功績を残しています。子どもの能力を非常に評価する姿勢がうかがえますね。

疑問が出ないのは、〝成長していない〟のと同じこと！

現実的に私たちは、いまだ世の中に存在していないようなヒット商品をつくる必要もなければ、新しい科学法則を解明する必要もないかもしれません。

でも、「なぜ売れないんだろう？」とか、「なぜ部下は言うことを理解してくれないんだろう？」という問題になると、話は違ってきます。本当のところ、明日にでもすぐ疑問を解消しないと、マズい話ですよね？

さらに「なぜ、私はいま、この仕事をしているんだろう？」とか、「今日、この仕事は何のためにやるんだろう?」という疑問。これらは自分の将来さえ左右する問題です。やはり「なぜ……?」という疑問が出てこないのは、本来ならおかしいのです。

そもそもどうして子どもは、あらゆることに疑問を提示し、答えを求め続けるのか?

根本的なことを言ってしまえば、それは〝生きていくため〟ということになるでしょう。人間は誰しも、知識がゼロの状態で生まれてきます。生き抜くためには、そのための知識を目の前にある事物から、どんどん吸収していかなくてはいけません。

極端なことを言えば、生まれたばかりの子どもは、目の前のお母さんに対して「この人はいったい、自分にとってどんな人だろう?」ということから〝仮説と検証〟を始めなければならないのです。

たとえばその昔、狼に育てられた少女が発見されたことがあります。つまりこれも「どうすれば生きられるか?」に対する、子どもなりの解答だったということになるのでしょう。

「疑問を持つ」というのは、「知らないことを知る」ということですから、知れば当然、その人は一歩上のレベルに成長するわけです。そして、成長しようとするのは子どもの本能ですから、あらゆることに好奇心を持つのは至極当然のこととなります。

なんて前向きなんだろう……などと感心している場合ではありませんね。そうすると、私たちが日常の問題に疑問を感じなくなっているのは、「成長しようとする気持ちがなくなっている」ということです。あるいは「もう、すべてのことを理解した」からかもしれませんが、後者に対しては、私はあまり自信がありません。

つまり、仕事について疑問を持たなくなったということは、〝自分で自分にストップをかけてしまった状態〟ということになります。するとストップしてしまった人は、どんどん自分で答えを探していく人から取り残されていくことになる……。

それでいいのか？

いいわけがありませんね。

では、どうすればいいのかといったら、とにかく「自分には知らないことがたくさんある」という前提に立つ必要があります。そして子どものように、目の前のことにどんどん疑問を持つことが大切になるわけです。

「なぜ?」がないから、仕事が面白くならないのです

『「なんでだろう」から仕事は始まる!』(講談社)というタイトルの本があります。これを書いているのは、ヤマト運輸で「宅急便」をつくりあげた小倉昌男さんです。

そこに書いてあるのは、「なんでだろう?」と仕事のなかで疑問が生まれてこないのは、その仕事が〝自分のもの〟になっていないからということです。つまり、与えられた仕事をこなしているだけで、「自分の頭」で考えていない。だから仕事に発展性がないし、意欲的にもなれない……。

会社もそうですし、日常生活でもそうでしょうが、私たちは〝他人が答えを出してくれる環境〟に慣れきっています。厳密に言えば、これは〝答えを出してくれる〟のでなく、〝答えを決めてくれる〟ということです。

こんな環境は、すでに子どものころから用意されています。

「ママ、空はなぜ青いの?」

「そんなことどうだっていいでしょ！」

〝どうだっていい〟というのは、実はあらゆる問題に使える、オールマイティな解答です。そしてセブン－イレブンやヤマト運輸ならともかく、多くの会社は、この〝どうだっていい〟式の意思決定でマネジメントをやってきました。

「今月の目標額は○○円だ！　なんとしても売ってくれよ！」
「どうして、その目標額なんですか？」
「そんなことどうだっていいだろ！　とにかく黙って売ってくればいいんだ！」

こうして、とかく仕事は〝会社のもの〟になる。そうして〝他人が答えを決めてくれる環境〟が、できあがっていくわけです。

では、〝どうでもいい〟を突破したらどうなるか？

小倉昌男さんの本には、こんなことが書いてあります。

最初は興味の持てなかった分野でも、自分の頭を使って真剣に考えれば、自分なりの発見もあるだろう。新しいアイデアもわいてくるはずだ。それによって、最初は他人から押しつけられただけだった仕事が「自分のもの」だと思えるようになり、おもしろがって取り組めるようになるのである。

こんな発想を取り入れ、組織の活性化に成功している企業が、いくつかあります。キーワードは、いわゆる〝ブレーン・ストーミング〟ですが、営業チームでやったり企画会議でやったりするものとは、少し違っています。ほとんど自由サークルのような形で社員が集まり、そのなかで自分が疑問に感じていることを討論し合うというものです。

そのなかから、たとえば新しい事業部の可能性が生まれてきたら横断的なプロジェクト・チームをつくったり、あるいは改善チームをつくったりするわけです。社員たちも、もともと自分の疑問を解決するのが発端ですから、意欲的に実行します。

これはCDGM（Creative Dynamic Group Method――創造力を最大限に発揮させるグループ）と呼ばれ、カリフォルニア州立大学名誉教授の吉田耕作さんが『ジョイ・オブ・ワーク』（日経BP社）という本で紹介しているものです。

疑問はそもそも〝見つけるもの〟ではない！

私たちは人生のあらゆることにおいて、「問題解決」をしながら生きています。

たとえば、ちょうどいまこの文章を書いている瞬間はお昼で、少しお腹が空いてきています。だからお昼を食べに行きたいところなのですが、原稿の執筆は少し遅れ気味です。そこで、すぐに食べられるようにお弁当を買いに行こうと思っている……これも一つの「問題解決」でしょう。

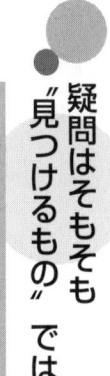

もちろん仕事だって、当然「問題解決」です。そして仕事が〝自分のもの〟であるなら、遭遇する問題は、みな〝自分の問題〟です。だから、「どうして？」という疑問は、本来なら出てこなければおかしいのです。

それなのに、なぜか仕事を〝他人のもの〟にしているから、疑問自体が生まれてこない。問題は、「『なぜ？』と疑問提示しましょう」ということでなく、「その仕事をどれだけ自分のものにしているか」なのです。おかしければ、疑問というのは誰に言われることなく、自然に出てくるものでしょう。

子どもでも、それは同じです。たとえば冒頭であげたような「なぜ富士山の山頂に雪があるの?」というのは、自然に生まれる疑問です。ところが学校に行った途端に、こんな疑問は消えていきます。

それは学校が「勉強を教わるところ」であり、「自分がつくる疑問ではなく、先生が提示する問題のほうが重要」ということになってくるからです。

だからアインシュタインとかエジソンとか、とかく自分の問題解決に熱心だった子どもは学校を辞めたり、登校拒否をしたりしています。皮肉な結果ですが、学校に行かなかったことが〝固定観念に支配されない柔軟な頭脳〟をつくったわけです。

とはいえ私は、学校を否定するつもりはありません。小学校や中学校は、日本人として社会に出る前の段階で、最低限、身につけて欲しいと〝国が決めた〟知識やルールを知ってもらう場所ですから。だから〝義務〟教育なんでしょう。

ところが高校からは、法的には〝自分のための勉強〟をする段階です。高校や、ましてや大学で同じことをするのは明らかにおかしいし、これがそのまま社会人に流れていくのは、もっと変なことです。

〝他人から与えられる勉強〟をし、〝他人から与えられる仕事〟をする。そんな流れをずっと続けていながら、「ウチの社員は質が悪い」などと、この不況期になってやっと感じているのが、会社の上層部の人たちというわけです。

でも、上層部や教育者が何を考えているかは、この際、どうでもいいでしょう。一番の問題は、〝他人の仕事〟をどのように〝自分のもの〟に変えるかということです。その方法はこれからの章でも考えていきますが、決して難しいことではありません。

たとえば私の知人にコンビニの店長だった人がいますが、フランチャイズですから最初は〝マニュアル〟のようなものがありました。ところが、どうもこれが自分の店に合わない。売れ筋商品も違っているし、従業員の扱い方にしても、模範生ならともかく、自分のところには何かしっくりこない。

では、どうしたかといえば、簡単です。マニュアルを無視して、独自の方針を貫いてしまいました。それで本部が怒るかと思いきや、何も言えません。なんせ売上が倍増して、地区でナンバーワンを争うような店になってしまったのですから。

これが〝人生のあらゆる問題を解決するプロセス〟です

私は『「仕事を面白くしたいとき」に読む本』（PHP研究所）という本で、「不満の壁」というものについて述べました。「自分に満足できない」とか、「このままじゃいけない」と心に差し迫ってくる壁です。

この不満の壁とは、簡単に乗り越えられるものです。なぜなら、乗り越えること自体が問題なのでなく、〝動いている〟状態になることが重要だからです。

仕事とは問題解決だと言いましたが、ということは、問題がなくなってしまったら、その仕事は必要のないものになってしまいます。

でも、現実にはそんなことはありません。「なぜ売れないんだろう?」という問題を解決したら、次には「どうして、もっと売れないんだろう?」という問題が出てくる。その次は「もっともっと」と、新しい問題が出てくる。こうして「疑問→解答→疑問→解答……」と延々と繰り返せるのが、〝動いている状態〟ということです。

そして子どものころの私たちは、身の周りのありとあらゆるものに疑問を持ちました。それはやはり、誰でも子どものころは〝動いている〟状態にあったからです。つまり、それは社会のルールとか、勉強による刷り込みが行なわれていないから……。

ある意味、〝人生が自分のものだった〟ということができると思います。

では大人になって、私たちは〝他人のものである人生〟を生きているかといったら、とんでもありません。ただ「会社で決められたことをやるんだ」とか、「家族のために働かなければならないんだ」とか、「こういうふうにしなければならないんだ」などといった固定観念で、〝疑問の出てこない日常〟を過ごしてしまっているだけです。

でも、ちょっと〝子ども発想〟を取り戻すことができれば、いくらでも固定観念から飛び出すことができます。たとえば二十世紀の初頭に書かれた有名な寓話に、『あたりまえのアダムス』（ロバート・アップデグラフ著、ダイヤモンド社）という本があります。

この本の主人公、アダムスは、本当に〝子どものような〟純朴な男性です。ところが、〝子ども的な発想〟で次々と仕事の問題を解決していきます。

たとえば、繁盛している商店街にあるのに、まったく売上の上がらない帽子店がありました。本社はいろいろなことをしますが、一向に成果は上がりませんでした。

ところが、このアダムスは、店に来てすぐに問題を解決してしまいます。というか、厳密には〝店に入る前に〟です。

実は、簡単なことでした。大通りに面した〝最高の立地〟にありながら、この店は〝まったく見えない〟状態にあったのです。交通整理をしている警官や通行人に遮られて、目立つはずの看板が見えない。

ただ、みんな「なぜこれだけ立地がいいのに売れないんだろう」と先に考えてしまうから、問題を見つけられなかった。結局は移転することで、状況は改善されます。

固定観念に縛られず、違った角度から問題解決の糸口を探す方法を「水平思考」というそうです。『「頭がよい」って何だろう』（集英社新書）という本で、人類学者の植島啓司さんはこの能力のことを紹介しています。

たとえば、「どうすれば天然痘を治療できるか」という疑問を追求していたジェンナーは、「酪農場で働く女性は天然痘にかからない、それはなぜか？」と、見方を変えることで種痘を発見した──これは水平思考です。

大人でも子どもでも同じでしょうが、このように〝違った糸口〟を見つけられるのは、問題を解決しようとする意志がどれくらいあるかにかかっています。そして、この点に関してなら、私たち大人は、子どものときよりずっと〝問題を解決する力〟を持っているといえるでしょう。

そもそもビジネスの問題も、人生の問題も、答えは決して明確なものではありません。しかし大人の私たちは〝答えをつくり出し、実現する力〟を、子どものとき以上に持っているはずです。だって〝大人になっている〟のですから、子どものときより知識もある、財力もある、行動力もある、当たり前ですよね。

たとえばジェンナー式に、いまのあなたの問題を考えてみてください。

「仕事がつまらないなあ」と考えているとしたら、「なぜ、つまらないか?」を考えるのではなく、「つまらなくないときって、いったいいつだろう?」と考えてみる。アイデアを練っているときかな?……ならば、それを生かす方法を考えてみる。その答えも無数にあります。

つまり、〝子ども発想〟に立ち戻ってみることで、十分に私たちは可能性を広げることができるのです。それは〝大人になった私たちだからこそ〟でしょう。

次の章からも、さらに深く、そんな方法を追求していきます。

コドモゴコロ 2

ミッション&パッション

——大人はやらない……、なんて
どうして思ってしまうのか——

情熱を持って進む力

スター・ウォーズの仕事学
——こんな意識の差によって〝運命〟に差が開く

第1章では「疑問を提示して、答えを見つける力」について、〝子ども発想〟のなかから考えていきました。そこで次は〝その答えを、実現する力〟です。で、それをわかりやすくするために、ちょっとここで『スター・ウォーズ』の話をさせていただきます。多少〝趣味的〟ですが、どうかお許しくださいませ。

言うまでもなく、この映画は、二〇〇五年で第六作目になったジョージ・ルーカスの壮大なストーリーです。前シリーズの一作目から三作目までがルーク・スカイウォーカーという青年の物語。新シリーズの「エピソード1」から「エピソード3」というのは、そのお父さんであり、ダース・ベイダーという敵役で登場したアナキン・スカイウォーカーという人物の物語になっています。

この親子が選んだ職業は、ともに〝ジェダイ〟というものです。これが何かといったら、要するに超能力と〝ライトセーバー〟という剣で闘う、プロの戦士です。プロといっても、どのように収益を出しているのかよくわかりません。まあ〝共和国〟の平和に貢献しているのですから、そちらが大クライアントになっているのでしょう。

そんな職業ですから、とくに男の子にとっては憧れの職業ですよね。ただ、生まれ持って備わった才能がないと、この職には就けません。アナキンとルークも、親子で受け継がれた血があったからこそ、それぞれ別々のシチュエーションで〝スカウト〟されています。

さて、前シリーズのルークは、〝ジェダイ〟として大活躍し、共和国の復興に大きな役割を果たしました。一方でアナキンのほうは、なぜだかグレてしまって、最後には悪者になってしまう……。この大きな差は、それぞれの〝ジェダイ〟という仕事へのかかわり方が違っていたことにあります。

まず両者は、時代背景の点でも、環境面でも、大きく違っていました。なんせルークが〝ジェダイ〟になったときは、ほとんどこの職業が機能していません。〝帝国〟の武力統一が始まり、〝平和維持隊〟だった〝ジェダイ〟も壊滅しています。

そんななかルークは、ジェダイの生き残りだった一人に出会って、あれやこれやの大波乱に巻き込まれます。反乱軍に参加しますが、あまり強い組織ではない。しかも、そのリーダーは、自分の妹だったりする。おまけに頼れる師匠は次々と世を去ってしまう……。まあ、このときヨーダ九百歳ですからねえ。

それで「こりゃもう、オレが何とかしなきゃならないじゃん！」と、そんな具合になってしまうわけです。

一方でアナキンが〝ジェダイ〟になったときは、時代はまだ共和制です。〝ジェダイ〟もきちんと機能していて、アナキンもぺーぺーに過ぎません。だから平社員同様、仕事の多くは上司のアシスタントです。

さらに上司たちは、アナキンの力が強すぎることや、感情的すぎる面を少し心配していて、ちょっと敬遠されがちです。おまけに直属上司のオビ＝ワンは、コーチングなんてものでなく、小うるさいことばかり言っている。

自分に何ができるんだろう……これが「疑問力」ですが、結局〝ジェダイ〟という役割意識が弱いから、自分を高く買ってくれ、しかも実現できることの多そうな悪のパワーのほうに惹かれていく……というわけです。

つまり、ここでの差は〝ジェダイ〟という仕事や肩書きにあったのではない。「その仕事を通じて何をしたいか」という使命感のほうにあったわけです。

「子どものころの夢」は、どこへ行ってしまうのだろう……

齋藤孝さんの『働く気持ちに火をつける』（文藝春秋）という本には、「ミッション、パッション、ハイテンション」という言葉が出てきます。

「ミッション」とは、すなわち〝使命〟ですね。最近は企業でも、社会的な役割ということで重視しています。そして、ミッションを感じたときに、情熱（パッション）が高まって、ハイテンションになって自分が行動していく……こういう流れを齋藤さんは紹介しているわけです。

子どものとき、私たちは「将来、何になりたいの？」とよく聞かれたと思います。

「パイロットになりたい」

「野球選手になりたい」

「アイドルになりたい」

あるいは「年収三百万円のサラリーマンになりたい」とか……。

これらの〝夢〟についてはあとで考えたいと思いますが、いずれにしろ、世の中には子どものころからの夢を実現する人もいれば、かつての夢が、いつのまにか遠くのほうへ行ってしまう人もいます。

あるいはスター・ウォーズのアナキン少年のように、夢を叶えたものの、どうも現実とのギャップに苦しんでしまう人もいる……。

実をいうと、これは「夢を実現させよう」という情熱がどこまで続くかという問題ではないのです。むしろ情熱の前提となる、〝使命感〟をどれだけ感じているかということにあります。

たとえば子どものころからの情熱をひたすら追い求め、五十歳くらいになって見事に実現した人がいます。トロイの遺跡を発見したシュリーマンがそうです。有名な自伝、『古代への情熱』(岩波文庫)には、子どものときに「トロイの発見」を使命と感じた様子が描かれています。

〝トロイ〟というのは、同じタイトルの映画の中でブラッド・ピットが闘った場所ですよね。歴史的にはギリシャ文明の前に栄えた古代国家ですが、当時は神話のなかで語られる存在に過ぎませんでした。シュリーマンは八歳のときに、それを描いた歴史の絵本を父親からもらいました。そこには城壁が描かれています。

ここで間違ってほしくないのは、あくまで「トロイを発見する」ことが彼の〝使命〟になったということです。だから意外なようですが、彼は厳密な意味で〝考古学者〟ではありませんでした。何かといったら、商人です。

もちろん貧乏だったということもありますが、シュリーマンが考古学を始めたのも四十歳を過ぎて、国際的な商人として成功してからでした。ドイツ人だった彼が古代ギリシャ語を修得したのも、英語、フランス語、オランダ語、イタリア語、ポルトガル語、ロシア語、スウェーデン語、ポーランド語、現代ギリシャ語を修得したあとです。

そして資金ができてから、それをもって発掘に臨んだと、そういうわけです。

だから悪いということではありません。別に使命は大学で考古学の先生として名前を売ることではないから、これでいいのです。「情熱を持って夢を実現する」とは、そういうことなのです。

子どものころの私たちには〝使命〟があった！

〝使命〟とか〝ミッション〟などという言葉を使い、よりによってシュリーマンのような歴史的な人を例にしてみました。

そうすると大それたことのように感じるかもしれませんが、実は子どものころって、けっこう〝使命感〟に燃えたことがなかったですか？

たとえば「初めてのおつかい」です。お母さんに「これ買ってきて」と言われて、メモを持って、てくてくとお店やさんに行く。

こんなとき、私は決まって〝迷子〟になったものです。道ばたで大泣きして、結局は親に迎えに来てもらうことになる……。

でも泣いてしまうのは、決して「恐いから」ではありません。「やらなければならない」ことができないから。本当はお店やさんに行かなければならないのに、たどりつけないから泣いてしまう。つまり、子どもなりに使命感に燃えているわけです。これはテレビ番組などを見ても、よく感じられますよね。
あるいは、昆虫採集などで夢中になって蝶を追いかける。パズルなどを延々と、時間を忘れて解き続ける。国旗とか、あるいは駅名とか、とにかくひたすら記憶し続ける……。

これらも理由は何だかわかりませんが、「自分はこうしなければならない」という強力な使命感につき動かされているわけです。

こんなふうに子どもが使命感を持つときは、非常にシンプルです。ただ「そうしたい」とか、「これなら自分にできる」とか、とにかく素直に自分がやるべきと思ったことに意欲的になります。

たとえばイチロー選手は、「自分は野球をやるべき」と思った動機を次のように語っています。

僕は勉強で上を目指そうとは思わなかった。いっぱいいっぱいで、なんとかテストでいい点を取って学年で20番以内に入っても、精一杯、ギリギリまでやってそれですからね。これじゃダメだと思って、それで僕は野球一本に絞ったんです。野球にはいくらでも余裕があったし、常に手を抜いてましたし、練習にしたってやれと言われたことは全然しませんでした。ただ、自分でやろうと思ったことはしっかりやりましたけどね。(『イチローイズム』石田雄太著、集英社)

要するに「自分が最も一番になれそうだから、それをやる」ということ。言ってみれば、それを〝他人と違う自分の役割〟として認識したわけです。単純といえば単純ですが、「自分はこれをやるために生まれてきたんだ!」と思うのが強烈な〝使命感〟というわけです。

きっかけがあれば、誰でも〝情熱〟を取り戻せる

上司から「おい! 今月は売上が落ち込んでいるぞ! もっと頑張ってセールスしてこい!」などと、怒鳴られたとしましょう。

あなたはこんな上司の言葉に〝使命感〟を感じ、情熱的にバリバリと仕事をすること

ができますか？

なかなかできませんよね。でも、それでいいんです。

〝使命感〟と〝命令に従うこと〟は、まったく違うものです。シュリーマンもイチロー選手も同じでしたが、人からどうこう言われるものではなく、〝自分自身が感じるもの〟でなければ、私たちは心の底から燃え上がることができないのです。

そこで考えてみると私たち大人は、会社の上のほうから与えられるものにしろ、身近な人から期待されるものにしろ、いま手に取ってくださっているようなビジネス書にしろ、〝他人から与えられる使命〟に慣らされきっています。

「目標をつくれ！」などと言われて、ムリヤリ頭の中からひねり出したものにしたって同じようなことです。

私たち大人は、なかなか子どものころのように情熱的になれません。それは、〝そんな気持ちを失ってしまった〟というのではなく、むしろ〝情熱を傾ける対象〟のほうに問題があるのです。つまり、〝自分自身で感じ取る使命感〟がなくなっている、ということです。

そもそも〝使命〟という言い方をすると、なんとなく国家上層部から呼ばれて、秘密組織に潜入する……といった状況を想像します。えっ、それはテレビの見過ぎ?

実際の〝使命感〟とは、自分の内側から出てきた願望を実現しようとする気持ちですから、もっともっとワクワクするようなものでしょう。たとえば第1章では、子どもの〝あらゆることに疑問を持つ〟能力について説明しましたが、その根底にあるのは〝自分が成長したい〟という欲求です。

「自分が成長する」というのも、内側から出てきた〝使命感〟ですよね。だからそれを感じた子どもは、本当にワクワクしながら、頼むから黙っていてくれというのに、「アレ何?」「コレ何?」と疑問を提示しまくるわけです。

そんな気持ちは、やはり大人にも眠っています。そして、これが目覚めたときに、〝チャンス到来!〟なんてこともあります。たとえば船井総合研究所のカリスマコンサルタントとして知られる、五十棲剛史さんという方がいます。彼の『なぜ、あなたは働くのですか?』(ビジネス社)という本には、こんな例が出ています。

それは、大きな会社のビルで、清掃員として働いている人の話です。いつもは「つまらないなあ」なんて思いながら働いているのですが、その日はたまたま気分が乗っていて、いつもより熱心に気合いを入れて掃除をしました。フロアの床から階段まで、それこそピカピカに磨きました。

そうしたら、びっくりすることに、その会社の社長さんが、わざわざ翌朝、声をかけてくれたのです。

「きれいにしてくれて、ありがとう！」

清掃員さんは、すっかり舞い上がってしまいます。

「よし！　もっともっときれいに掃除をして、もっともっと喜んでもらうぞ！」

これが〝内側から出てきた使命感〟に対して情熱をつき動かされた瞬間です。

こうして清掃員さんは、情熱的に仕事をしていく。すると、第1章のような〝問題意識〟も出てきます。

「掃除のウデはずいぶん向上したなあ。でも、やはり時間に限界がある。自分が実際に一日で掃除できるのは、ビルなら一棟が限度。もっともっと多くの人に喜んでもらうには、このままじゃダメだなあ」

すると、「よし、自分の掃除の方法を体系化して全国に伝えよう！　とりあえず一冊、本でも書こう」とか、「それなら自分で掃除の会社をつくってしまおう」とか、可能性はどんどん広がっていくというわけです。

一人の情熱によって生まれた「夢の病院」

第1章では、仕事の壁、あるいは自分の不満が生んだ壁を越えるために、〝動き始める〟ことが重要だと述べました。情熱を持つということは、〝動き始める〟だけでなく、〝動き続ける〟ことができるということです。

なんせ齋藤孝さんの「ミッション→パッション→ハイテンション」ではありませんが、情熱を持って動いている人は本当に〝止まらない〟のです。まさしく〝ハイテンション〟ですね。

そして、これが仕事上の成功をどんどん押し上げていきます。

たとえば、映画にもなったアメリカの有名なお医者さんに、パッチ・アダムスという人がいます。このお医者さんは、「ゲズンハイト・インスティテュート」という、一風変わった病院をつくりあげています。どんなふうに変わっているのか、その著書『パッチ・アダムスと夢の病院』（主婦の友社）から紹介しましょう。

この病院では、医者と患者の壁を一切取り除くことを目標にしています。だから入院する患者と一緒に医療スタッフとその家族も暮らす、一つの〝共同体〟をつくりあげます。

共同体である以上、患者と医療スタッフがともに参加して、さまざまな活動を行ないます。たとえば牧場や畑で作業をしたりとか、芸術サークルをつくったりとか、劇団に参加したりといった具合です。

このような集合体をつくるのも、病気を治療するだけでは、本当の治療にはならないとアダムス医師が考えるからです。そもそも「なぜ、患者が病気になったのか？」という根本にまで遡ったら、それは生活習慣の問題とか、あるいは心理的なストレスなど、さまざまな要因があります。そこまでを〝治療〟するために、わざわざこれだけの大きな共同体をつくり上げているわけです。

さらにビジネスとして医療を行なえば、患者よりお金が優先されるという発想から、この病院では治療費を一切、要求しません。病院の経営は、全世界に告知して集めた援助金や募金と、医療を志す人のボランティアなどで成り立っています。そのためにアダムス医師は、〝ピエロの格好をした医師〟として全国で講演活動をしているとのこと。

それでは、いったいなぜこんな「夢の病院」ができたのか――、発端はアダムス医師の〝自殺未遂〟だったそうです。若いころに父親が亡くなり、おじさんも自殺、あげく失恋……ということで自殺を図ったのですが死にきれず、彼は精神病院に入院してしまいます。

ところがこの精神病院で、彼は自分よりずっと孤独な境遇にある患者さんたちに出会いました。自分と違って、一人の人間すら見舞いに来てくれない人もいる……。で、彼は医師になることを決意しました。勉強して大学の医学部に入ります。しかし、そこで見たものは、患者をモノとしてしか見ない、ひたすら金儲け主義に走る……そんな現場だったのです。

ここで本格的な〝使命〟を得る。いまの医療にあるすべての問題を、ひっくり返すような病院をつくろうというわけです。まずは自宅で開業するとともに啓発活動を続け、二十年の歳月を経て夢を実現します。まさに〝止まらない情熱のパワー〟ということになるでしょう。

情熱を持った人に、人はきちんとついてくる

パッチ・アダムスの夢が実現した要因には、彼の〝使命感〟に対して、多くの人間が共感して集まってきたこともあります。つまり、情熱は人を動かし、人を呼び寄せていくのです。

これは本章の始めに述べた、『スター・ウォーズ』の場合でも同じでした。使命感によって動き出したルークには、ハン・ソロ船長やチューバッカ、あるいは反乱軍の仲間たちといった仲間が集まってきます。

ところが組織で働くアナキンの場合は、そうはいかない。クライアントでもあるはずの王女様に、逃避的な愛情が募っていきます。

会社でも、これは同じなのです。別に〝ジェダイ〟の組織を批判するわけではありませんが、会社として使命感をきちんと認識しているかどうか、それが社員に伝わっているかどうか。そして社員の側では、会社の使命感を自分のものとして感じているかどう

かが、情熱を持って働けるかどうかの分け目になるわけです。

結局のところ〝使命感〟というのは、「いまやるべきこと」を決める指針となるものです。「お客さんのためにこうしなきゃ」ということなどは、まさにそのとおりのものですよね。

〝決める〟といっても、実際は使命感に動かされていますから、何も一生懸命に考えることなく行動に移ります。「こうすべきだから、こうする」という具合に、とてもシンプルなものです。

それに対して、私たちが「いつかこうなりたい」とか、「いついつまでに何をやる」という目標を立てて、そのために「いまこれをやろう」と決めることは非常に論理的なものです。

もちろん目標を立てることが重要でない、などと言うつもりはありません。それはそれで必要なことでしょう。

ただ、そんなふうに目標を立てても、私たちはなかなかそれに到達できなかったり、理想どおりの結果を出せなかったりする。なかには、それは目標に対する思い入れが足りないということで、紙に書いて壁に貼ったり、毎日お題目のように声を出して唱える人もいます。

でも、それ以上に、もっと心の底から湧きだしてきて、自分の行動までを決めてしまうような「こうしなきゃ」が、私たちには欠けているのではないでしょうか?

そして、この「こうしなきゃ」をシンプルに実行していった先に、仕事の成果とか、自己実現というものは〝結果〟として表れるのではないかと思うのです。

たとえば、ヒューレット・パッカードという会社があります。

この会社を創業したのは、ビル・ヒューレットとデービッド・パッカードの二人ですが、「自分たちにしかできないことをやりたい」と、ガレージを借りて起業します。

で、何をやっていったか?

実は会社をつくったものの、何も決まっていなかったのです。

ただ、早くガレージから抜け出してまともな会社になりたかったし、何より収入がなければ電気代も払えません。それでは会社が潰れてしまいます。

だから、とにかく自分たちにできそうなことを片っ端からやっていった……そうして後の成功にたどりついたというのです。ここには計画性も何もありません。会社をつくった。だから、それを存続させる。そういう〝使命感〟のみなのです。

これは、ルーク・スカイウォーカーだってそうですよね。別に彼は〝ジェダイ〟になりたかったわけではない。ただ知り合った反乱軍の仲間を助け、自由な世界を取り戻したかっただけなのです。だから結果的には、〝ジェダイ〟という職業で成功しました。これは父親のアナキンに決定的に欠けていたものです。

誰でも子どものころは、「やるべきこと」を素直に実行していた

ところであなたは子どものとき、「夏休みの宿題」をどのようにやっていましたか？毎日計画的にコツコツとやっていた……そういう人は、とても凄いと思います。私は、始業式間際になって、泣きそうになりながら一気に片づけるタイプでした。あなたもそうだったのではありませんか？

なぜ宿題をちゃんとやらないかといったら、ほかにいくらでも「やるべきこと」があったからです。それはそうでしょう。夏休みだから、遊ばなければなりません。それは〝使命感〟ですから、情熱を持って遊ばなければなりません……まあ、ほめられた話では

ありませんね。

じゃあ、宿題をやらなかったかといえば、そんなことはありません。月末ごろになってから、脇目もふらずに片づけました。しかも「宿題はやらなきゃならない」という使命感がありますから、やはり〝情熱的に〟やります。思えば締切前に片づける作家業の基礎は、このときにつくられたのかもしれません。

やはり私たちは子どものころ、こんなふうに「やるべき」と思ったことを素直に実行する習性を持っていたのです。これを『人はみな「ビジネスの天才」として生まれる』（小学館）という本では、「焦点をしぼる力」と説明しています。

「自分にはそんな、やるべきと思うことがない……」と思う人もいるかもしれません。でも、子どものときにそんなふうに真剣に「自分のやりたいこと」を探していたかというと、実はそうでもないのです。それよりも、ただ、やろうと思ったことをやる。非常にシンプルでした。

日々の仕事でも、あるいはプライベートでもいいのですが、素直に「やりたいな」と思ったことを実現できるように行動してみる。いろんなところにアンテナを張りながら、「面白そうだな」と思うことに手を出してみる。

そんなことの積み重ねのなかから、自分の方向性も決まってくるし、自分なりのオリジナルな成功法則も生まれてくるものだと思います。それは「自分はこうある」という最終形態を描き、それに一生懸命に自分を合わせていくのではない。あくまで動いていった先に、自分にとって一番理想的な仕事なり方向性なりが生まれてくるのではないか、ということです。

たとえば、いま私は独立して仕事をしている人間です。このように本も書いていますし、その他さまざまな仕事をしています。

でも、では私が昔から独立したかったかといえば、そういうわけでもありません。たまたま本業と別の仕事をする機会に恵まれたから、それをやってみた。そんなことをやっているうちに、執筆もやってみないかということで、そっちにもチャレンジしてみた。「やってくれ」というなら、やってやろうと、ただそれだけのことです。もちろんお金も入ってくるから、これはよし、ということでやった。結局そっちのほうがあまりにも忙しくなってしまったので、独立することになりました。

人材プロデューサーなどと名乗っていますが、これにしても同じことです。たまたま何か面白いことができそうな人にめぐり会ったので、その人を生かすのに何かできることはないかと考える。そうして結果的には、自分も新しい仕事に踏み出すことになったのです。

何だか行き当たりばったりのようですが、それでいて行き着き先は、結局のところ「自分がこうすべき」と思った積み重ねでたどりつく場所です。だから、それで何の問題もないと、私は思っているのです。

『昆虫記』のファーブルが、やっぱり情熱的だったその理由

実は、私はこの「情熱力」という項目を書こうとしたとき、子どものころに描いた夢を、本当に情熱的に追い求めていったような人を書こうと思ったのです。ビジネス書などでも、そんなふうに「具体的に描いた夢をひたすら追い求めよ！」なんて書いてありますよね。

でも、調べれば調べるほど、そう見えた人が案外、「遠い未来」ではなく「いまやるべきこと」に向かって、結構行き当たりばったりで動いているものだということがわかっ

たのです。

たとえば私が子どものころに憧れた人物に、アンリ・ファーブルという人がいます。『昆虫記』で有名な人ですよね。

昆虫なんていかにも子どもが好きそうなものですから、私はてっきり、子どものころからの夢を一途に追っていた人だと思っていました。ところが、とんでもありません。この人が昆虫に本格的な興味を持ったのは、三十一歳のときです。しかも当初は趣味の領域に過ぎませんでした。『昆虫記』を書き始めたのは、引退して田舎に引っ込んだあとです。

しかし、それでもこの人はやっぱり凄いのです。というのも、そもそも彼が何者かといったら、高校の教師です。しかも大変に優秀な教師で、落ちこぼれかけた学生を何人も救っています。

さらに昆虫ばかりが有名ですが、実はこの人、植物も研究しているし、鉱物も研究している。しかも数学のエキスパートでさえありました。植物研究にいたっては、独自の染料を開発して、それで一儲けまでしています。

やっぱり情熱的だった――つまり、いついかなるときでも、自分が〝使命〟と感じたことをやり続けた。そして最後に、私たちが知る昆虫好きのファーブルさんにたどりついた、ということなのです。

じゃあ、いますぐにでも、自分のやりたいことをやってみましょう……。

と、そんなに簡単にいくかといったら、そうはいきませんよね。

私たちがときどき子どものころに帰りたくなってしまうのも、「やるべき」と思ったことや、「やりたい」と思ったとおりに行動して、それが多くは許される環境にあったからです。犯罪をしてもいいとか、そういうことではないですよ。自分の稼ぎで生計を立てる必要がなかったということです。

たいていの大人は、そうはいきません。だから自分の〝使命〟を社会的に折り合わせながら遂行していく必要がある。だから〝使命〟を果たすには、やっぱり困難が、付きものなのです。

それはそうですよね。ルーク・スカイウォーカーだって、使命を果たすには敵を倒さなければならなかったし、それどころか悪に走った自分のオヤジとも闘わねばならなかったのですから。そんなに簡単に使命が果たせるなら、物語にならないではありませんか。

これはどんな「自分はこうすべき」を目指したとしても同じだと思います。ファーブルにしても、『昆虫記』にいたるまでは、やはり相当の苦労をしています。

その困難を破るために〝情熱力〟も必要ですが、自分が〝使命感〟の先に一歩も踏み出せないのでは、なかなかそれも出てこないでしょう。そこでもう一つ〝子どものころの発想〟を取り戻してみましょう。

それが次の「信じる力」です。

コドモゴコロ 3

「良い」ということ

自分は〝正しい〟と信じる力

――なぜ大人は信念を貫き通せないのか――

“正しいこと”って、いったいどんなことなのか

サンタクロースって、あなたはいると思いますか？

え？　何を突然、バカなことを言い出すのかって？　どうしてそんなふうに思うのでしょう。

たとえばシーズンになれば、街頭にたくさんのサンタが出てきますよね。あのなかに本物が混じっていないと、どうして言うことができるのですか？

たしか彼は、フィンランドの森のなかに住んでいるのだと思います。それを隈なく探した人っているんですか？　ひょっとしたら明日にでも、大発見されるかもしれませんよ。

でも、ウチには来なかったし、むかしプレゼントを枕元に置いてくれたのはお父さんだったって？

文句を言っちゃいけません。世界にいったい何人の子どもがいると思うのですか？

ただでさえ従業員はサンタクロース本人一人で、しかも期限厳守のお仕事ですよ。ましてやこんな経済大国の日本など、後回しに決まっているじゃないですか……。

……などと述べてみたのは、別にいまさら「サンタクロースを信じなさい」というのではありません。〝正しいと信じる〟とはいったいどういうことか、あらためて問うための例として出してみただけです。

養老孟司さんの『バカの壁』(新潮新書)には、「確実なこととは何か」という話が出てきます。つまり科学的にいくら正しそうな理論であっても、それに合致するデータを集めるだけでは真理を言ったことにならないということです。

つまり、「すべての白鳥は白い」ということを証明するために、たくさん白鳥を見つけてきても意味はない。「ほかの色の白鳥はいない」ということを科学的に証明できないと、それが本当の意味で〝事実〟とはいえないということです。

でも、私たちは他の色の白鳥に出くわさない。だから「白鳥は白い」ということを、「確実なこと」として認識している。これは確率の問題であって、決して絶対的な真実ではありません。

サンタクロースなら、いない確率は九九・九九パーセントくらいでしょうか? でも真実ではありません。だって証明できないんですから。それはそうですよね。

宇宙人や幽霊なら、目撃例も多いですから、いない確率はもっと減るかもしれません。河童ですら毎年のように目撃されるくらいですから、どこかの先生ではありませんが「いない」と決めつけること自体が、そもそも科学的ではないのでしょう。

そこで、どのくらいの確信が持てたら、「正しい」と信じられるかということです。たとえば「サンタクロースはいない」ということなら、私たちはほぼ確定的に、それが事実であると信じています。

でも、「自分の叶えたい夢は実現できるんだ」とか、「チャンスは絶対にめぐってきて、私はいつか幸せになれるんだ」なんて、曖昧なことを、果たしてどれほど〝事実〟として人は確信できるのか……?

ところが確率が決して高くなくても、〝事実〟と認識できるくらいに信じられたのが、私たちの〝子どものころ〟だったのです。

子どもの「信じる力」の根元にあるものは何か

何をかくそう、私は子どものころ、地球防衛の任務についていました。冒頭でお話ししたように、きちんと〝秘密基地〟に勤務していましたし、おそらく任務も果たしていたことと思います。たとえば怪獣が襲ってきたときのためのシミュレーション訓練をするとか、ゴキブリ退治をするとか……。

たぶん、裏山で魔法使いになっていた女の子も同じでしょう。悪い魔女かなんかをやっつけていたのでしょうし、そのころは本当に魔法も使っていたのだと思います。きっと……。

こんなふうに子どものころは、大人が事実とみなさなかったことでも、私たちは気軽に信じることができたのです。

これはサンタクロースだって同じでしょう。平均していったい何歳まで子どもはサンタクロースを信じているのか。あまり定かではありませんが、いつしかお父さんが怠けてしまったりとか、そんな怠けてしまったお父さんの子どもが「サンタクロースはいないんだよ」と吹聴しまくったりとか……さまざまな理由で〝いないと信じる確率〟のほうがどんどん高まっていくのだと思います。

ちなみに私の夢は、父親の単身赴任で、かなり早い段階で崩れたものと思います。だから友だちに「本当はサンタクロースなんていないんだ」と、のたまわりまくっていました。イヤなガキです。

では、否定される要素がなければ、いつまでも人は〝正しい〟と思ったことを信じていけるのか？

これはそのとおりです。だから宗教というものが、世の中には存在しえるのでしょう。個人が勝手に信じたことだって、これは同じです。

第2章では、トロイの遺跡を発掘したシュリーマンの話をしました。これだって当時としては、「宇宙人は実在する」くらいに確実性のなかったことです。ところが「トロイは実在する」と信じたシュリーマン少年は、「私たちは、私が将来いつかはトロイを発掘するということに意見が一致した」と言っているくらいに、親にまで〝正しい〟と認められてしまっています。

そうしたら〝正しくない〟と証明する手立ては、どこにもありません。だからシュリーマンは五十歳近くまでこの確信を貫き、見事に自分の正しさを証明することができたわけです。

つまり、「信じる力」の根元となるものは、〝否定しないこと〟になります。そういう意味では、やっぱり「地球を守る」とか、「魔法使いになる」などという子どもの荒唐無稽な話も、「そんなのムリだ」なんて大人の論理で否定しないほうがいいのです。

「成功する」と確信していれば、いつかそれは訪れる

「成功は成功を確信する人のもとに訪れる」

ビジネスマンの自己啓発で有名な、ナポレオン・ヒルの言葉です。

能力開発のトレーニングばかりが有名ですが、実はこの人は、もともと新聞記者です。それがアメリカの鉄鋼王として知られるアンドリュー・カーネギーに師事するようになり、多くの成功者たちのノウハウをまとめることになりました。

だから、というわけではありませんが、やはりこの言葉は真実だと思います。それは何も超自然的なパワーが働くということではありません。〝成功〟というのが、あくまで最終的な結果判断に過ぎないからです。

たとえば有名な話、「エジソンが電球を発明した」というのは、どこからどう見ても〝成功〟ですよね。でも、やはり有名な話、完成までには一万回くらい失敗しているわけです。結局のところ、やり通してしまったから〝成功〟になっているわけです。

まさにこれと同じことを、本田宗一郎さんも言っています。

多くの人は皆、成功を夢見、望んでいますが、私は、「成功は、九十九パーセントの失敗に支えられた一パーセントだ」と思っています。

そういう言葉です。

でも、たとえば九十九もの失敗を繰り返して、「よし次は成功する」なんて、あなたは思えますか？

それでもやってしまう。やってしまって結果を出したから、その人は〝成功者〟と呼ばれるようになる。最後は「信じ続けられた人間の勝ち」となるわけです。

では、何を信じるのか。

それは、〝正しいと感じた直感〟としか説明できません。根拠など実質的にはないし、とても曖昧なものといえば曖昧なものです。

そんなことを言ってしまったら、元も子もないと思うでしょう。結局、感じられる人にしか直感は感じられないし、そんな能力を身につけたくたって、どうにもしようがない……。

ところが私たちは、もともとは自分の直感で〝正しい〟と〝正しくない〟を分けていたのです。誰に言われることもなく、本で学ぶわけでもなく、〝正しい〟と思ったことをそのままやろうとしていました。

再び〝子どものころの発想〟を思い出してみましょう。

子どもは〝正しいこと〟を自然に感じ取って成長する

かつての世界的ベストセラーに『人生に必要な知恵はすべて幼稚園の砂場で学んだ』（河出文庫）という本があります。「いったい何が砂場で学べるんだ？」と思いますが、著者のロバート・フルガムさんは、次のような項目を列挙しています。

何でもみんなで分け合うこと。
ずるをしないこと。
人をぶたないこと。
使ったものはかならずもとのところに戻すこと。
ちらかしたら自分で後片づけをすること。
人のものに手を出さないこと。
誰かを傷つけたら、ごめんなさい、と言うこと。

……

まだまだ続きますが、とにかくフルガムさんは、「人間として知っていなくてはならないことはすべて、このなかに何らかの形で触れてある」と述べています。

もちろん〝砂場〟というのはもののたとえでしょうが、私たちは子どものとき、〝正しい〟と思えるような根本的なことを、誰に教わることなく直感的に感じ取っているわけです。

なんとなく納得できない……という方は、〝正義の味方〟を思い出してみてください。これはもちろん世代によって違うのでしょう。「ウルトラマン」の人もいれば、「ドラゴンボール」の人もいるかもしれない。あるいはゲームの「ドラクエ」かもしれないし、「ガッシュくん」……までは、この本の読者にはいないと思いますが。

とにかく私たちは、なぜか〝正義を守り、悪を倒す人〟に憧れます。まあ、なかには殺人鬼に憧れる子どももいるかもしれませんが、たいていは精神的な問題を背負った場合です。

詳しくは知りませんが、女の子ももちろん同じ。二時間ドラマの〝家政婦〟に憧れて、将来、そうなりたいと思う子とか、連ドラかなにかを見て、「私も将来、不倫して、家族の幸せをぶっこわすんだー！」なんて思う子はあまりいないと思います。憧れる主人公は、優しくて他人のためにもがんばる、模範的な女性でしょう。

しかも、これらの憧れは、お父さんやお母さんに「この人たちは正しいことをやっているから、憧れなさい」なんて、強制されたものではありませんよね。本当に〝いつのまにかそうなっている〟というのが実際です。むろん、そのなかには「武器をもって闘う」とか、暴力的な憧れのほうが強くなるケースもあるでしょうが、基本的には〝正しいことをやっている〟ということへの魅力から始まっているわけです。

だから本来的には、〝相手を喜ばす〟ことを、子どもは〝正しいことをやっている〟と自然に感じ取ります。

逆に、相手を悲しませたり、傷つけたりすることを、子どもは〝よくないこと〟と自然に感じ取っているのです。

これは別に性善説とか、神の意思とか、そういうことではありません。進化学や行動学の世界で、「利他行動」と呼ばれるものです。著名な動物行動学者、ニコラス・ハンフリーの『喪失と獲得』（紀伊國屋書店）では、「助けてくれると期待できる者を助けてくれると期待できる者を……助けるための特性」と説明されています。「……」の循環は、延々と続きます。

この説明だとややこしいのですが、簡単にいえば「人に対して優しくし、すすんで相手のことを考えてあげる人」と、「出会い頭に、殴るは蹴るは……という人」、どっちが生存上有利か？　ということ。一見すると後者のほうが強そうですが、仲間と協力関係をつくっていったほうが、まわりまわって生きるために有利になる。そこで前者を〝正しい〟とするように、生物上できあがっているということです。

ところがどっこい、私たちは〝大人の理屈〟で生まれた〝正しい概念〟をあとで植えつけられます。だからアルカイーダの子どもはアメリカ人を〝悪者〟とみなすようになるし、女性を家畜同然のように扱う文化も世にはあります。

でも、遠い国の話とばかり思わないでください。たとえば、かつて事故を起こした鉄道会社には、自分たちのミスで傷つけてしまった乗客がすぐ近くにいて助けを求めているのに、「会社の命令だ」といって、さっさと帰ってしまう人がいました。安く売るために地震が来たら壊れるマンションをごまかしてつくる人もいれば、「世界一を目指す」といって平気で赤字を黒字に塗り替える経営者もいました。

別に批判しているわけではありませんよ。ただ、子どもなら素直に感じる〝正しいこと〟を、私たちはいつのまにかできなくなってしまっているのです。

「福の神」と言われた少年の物語

では子どものままでいたら、素直に〝正しいと思えること〟を続けていけるのか？

実はそんな人が、かつていました。明治のころの仙台で、〝仙台四郎〟と呼ばれた少年がその人です。町の名前を冠して呼ばれるほど、地元では有名な人物でした。

この人は三十代の半ばで消息不明になるまで、ずっと〝子ども〟のままでした。生まれつき脳に障害があったのです。

そんな人物が有名になったのですから、『裸の大将』として有名な画家の山下清さんのように、何か特殊な才能があったのかと思うかもしれません。でも、そうではありませんでした。ただ、子どもだっただけです。

ところが、そんな〝子ども発想〟で行動を続けたことで、この人は多くの人に幸福感を与えることができました。だから〝福の神〟とまで言われて慕われたのです。詳しい物語は『福の神になった少年』（丘修三著、佼成出版社）という本で知ることができます。

たとえば、四郎は子どもですが、掃除をしたり、お手伝いをすることが〝いいこと〟だと知っています。一方で、やはり子どもですから、それでお金をもらって儲けようという考えはありません。

そこで町に出かけ、ふらりと店に入ると、ほうきが立てかけてあったりします。すると、〝いいこと〟はやはりやったほうがいいということで、店の前の掃除を勝手に始めたりします。あるいは、店で荷物を運んでいる人がいたら、〝いいこと〟だからと思って、当然のように手伝いを始めます。非常に素直な発想で、ただ〝正しい〟と思ったことをやったわけです。

でも、大人の発想は複雑です。四郎が手伝っているのを喜んで、お駄賃をあげたり、お茶などをご馳走する店もあれば、「邪魔だ！」とばかりに追い返す店もあります。

これに対する四郎の反応は、はじめのうちは変わりません。喜んでくれる店は、「もっとやってほしいということだな」と判断して、行くたびに掃除や手伝いを繰り返します。追い返される店は、「きっと自分の掃除の仕方が悪かったんだろう」とか、「手伝いが足りないから怒っているんだろう」と判断します。だから、「今度はもっとやらなきゃ」ということで、再チャレンジします。ただ、店のほうは出入り禁止にしますから、自然と行きたくても行けない状況になります。そうすると、四郎が行ける店と行けない店は、自然にふるい分けられていきますね。

で、どちらの店が繁盛するでしょう?

もちろん四郎が行く店のほうが流行っていきます。まあ、いろんな理由があると思います。知らない子どもが黙って手伝ってくれるのを喜べる人は、お客さんに対しても親身になって接するでしょう。逆に子ども一人、目の敵のように追い返す店には、最初から余裕がないのかもしれません。

ところが、いつのまにか「四郎が行く店は繁盛する」という伝説めいたものが広まっていきます。当然のことをやっているだけの少年が、だんだんと幸福を呼び込む神様として評判を呼んでいった……。

この少年のさらなる活躍が知りたい方は、どうぞ前掲の本をお読みくださいませ。

〝顧客満足〟として有名な二つの「ビジネス版・仙台四郎」

でも、仙台四郎の話はビジネスの場とは関係ない……そんなふうに思うでしょうか？

重要なのは、ただ素直に〝いいこと〟をしただけの少年の逸話が、いまもこうして語られている。そうして多くの人の共感を集めているということなのです。現に、映画化の話も進んでいるそうです。

同じように、〝いいことをした話〟というのは、ビジネスの世界に案外あるのです。

たとえば、アメリカのデパートの話。みすぼらしい服を着た女性が、一番高価な洋服を扱っているコーナーに入って行きました。

たまたま、それを社会保障局のような場所で働いていた男性が目撃します。盗むつもりだろうと思って、女性のあとをつけました。

でも、あまりに場にそぐわない身なりですから、店員さんが出てきたら追い返されるだろうと思っています。ところが店員さんは、きわめて優しく対応したのです。

「何か探しているものでもございましょうか?」

びっくりしたのは、その女性のほうです。きょとんとしますが、慌てて答える。

「イブニングドレスが欲しいんです」

「かしこまりました」

なんと店員は、彼女の好みの色やサイズを聞き、美しいドレスを持ってきます。

「これなどは、よくお似合いだと思いますよ」

「ありがとうございます。自分に合うかどうかを考えて、またあとで来ます。とっておいてくださるでしょうか?」

「ええ、大丈夫ですよ、お客さま!」

そして彼女は、嬉しそうな笑顔でデパートから出て行きます。もちろん、買えるわけがありません。戻ってはきませんでした。

あとで社会保障局の男が、店員に聞きます。

「おいおい。あの女性が、この売場にあるような服を買うとでも思ったのか? お前バカじゃないか?」

店員は言います。

「私は自分の仕事をしただけですよ」

相手がどんな服装だろうが、来てくれる以上は〝お客さま〟として扱う。それで喜んでくれるならいい、という発想ですね。

もう一つは、遊園地の話です。若い夫婦がレストランに入り、店員は二人がけの席に案内する。すると、夫婦はこんな注文をしました。

「お子さまランチをください」

店では限りがあるため、お子さまランチの注文を、大人はできないことになっていました。だから、断ります。

でも、なぜお子さまランチなんだろう？

疑問に感じた店員は、思いきって夫婦に聞いてみました。

すると、いつか娘さんに、ここでお子様ランチを食べさせるのが夢だったとのこと。ところが、できなかった……。その日は、一歳にも満たないで亡くなった娘さんの命日だったのです。

で、どうしたかといえば、店員は二人の大人向けの注文をとりました。そのあとで四人がけのテーブルに案内し、小さい子ども用の椅子を運びます。

続いて二人の料理と、サービスのお子さまランチが運ばれてくる……。

「どうぞ、ご家族三人でお楽しみください」

と、二人の気持ちに応えたそうです。

この二つは有名な話ですから、あなたもどこかで聞いたことがあるかもしれません。前者はアメリカの有名なデパート、ノードストロームの話。後者は東京ディズニーランドの話です。

ただ、「当たり前のこと」をやるだけでいいのではないか

この二つの話が、本当の話かどうか私は知りません。重要なことは、両方の話とも、二つの企業のブランドを高める伝説として、語り継がれているということです。

言うまでもなく、ノードストロームというのは、多くの店がお手本にするくらい〝顧客満足〟で有名な世界的デパートです。東京ディズニーランドは、もちろんリピーター

数で他を圧倒する、テーマパークのなかのオンリーワンです。そんな企業を象徴するような話として、やはりこういう話が残っているのでしょう。

しかし、よくよく考えてみれば、「相手に喜んでほしい」と思って、当たり前のことをやっているだけです。「こうすれば相手は喜ぶ。だから正しい。よしやろう……」と。極めて〝子どものような〟直感です。

一方で、大人の論理を適用してしまったらどうなるか?

たとえば、某ファストフードの、これも有名な話。自宅で会議のようなことをやるので、ハンバーガー三十個を一人で注文しに行った。店員は笑顔でこう尋ねます。

「こちらでお召し上がりですか?」

まさか、そんなわけはないだろう……この人、大丈夫?

そんなふうに思ってしまいますよね。

あるいは一人でレストランに行ったとき、学生のグループがガヤガヤと騒いでいる席の、すぐ隣に案内されてしまった、なんて経験はありませんか?

これはイヤですよね。しかも席はいくらでも空いているのです。店員さんだって、自分が客だったら、すぐにわかるでしょう。でも、案内する席の順序がそうなっているから、仕方がない。本当に？

でも、やっぱり何か変でしょう？

もっと子どものころの発想に立ち返って、直感的な正しさを信じてみるべきではないか。私はそんなふうに思います。別にそれは難しいことでも何でもない。ただ、当たり前のことを当たり前にやるだけのことだと思うのです。

クマのプーさんから、〝信じる〟ということの意味を教えてもらおう

『クマのプーさんと学ぶマネジメント』（ロジャー・E・アレン著、ダイヤモンド社）という、ちょっと変わった本があります。

いったい、クマのプーさんがマネジメントを学んでどうするのかと思いますよね。

そのとおり、実を言うと、この本のタイトルの付け方はちょっとおかしいのです。本当なら、「クマのプーさんから学ぶ」が正しいと思います。つまりプーさんはあくまで先生であって、生徒ではないのです。これならわかるでしょう？

えっ、もっとわからない？

しかしコンサルタントである著者のロジャー・Ｅ・アレンは、ビジネスをするにあたって最も大切なことを、〝クマのプーさん〟に見出しているのです。だから冒頭で、プーさんのところを訪れた著者が彼に言います。


ここ二十年ほどのあいだ、多くのマネジャーたちが、こうした本で語られている理論とか、マネジメントの一時的な流行にふりまわされてきたんだ。彼らは、最新のマネジメント理論を適用してみることには大きな関心を寄せていたけど、マネジメントのほんとうの基本には、十分に目を向けてこなかったんだ。わたしは、マネジャーたちが職務の基本に立ちかえれば、だれでも驚くほど出来ばえを改善することができると思ってるんだよ。

きみのいろいろな冒険物語は、このようなマネジャーの基本機能のたとえになると思うし、どんなマネジャーでも、その基本を適切にそして着実に実行すれば、一流の仕事ができるようになると思うんだ。

では、クマのプーさんの何がマネジャーの基本を押さえているのか?

それは〝正しいと思ったこと〟を、ただ素直に実行するということです。

たとえば、プーさんは、木の上でミツバチが羽ばたいている音を聞きます。ミチバチがいるということは、〝蜂蜜がある〟ということ。クマですから、そりゃ欲しいです。だったらどうするか、すぐ〝獲るための努力〟を始めます。

でも、巣は高い木の上にあって、どうしてもそこまで登れません。そこで今度は風船を持ってきて、浮かび上がろうというアイデアを思いつきます。

お話だからと思わないでください! このアイデアは成功します。

ただ、問題はハチに警戒されてしまうことです。だから今度は、ハチを騙すことを考えます。そのためにプーさんは、〝雲のふりをする〟ということを考えました。そのためにどうしたかといったら、「ボクは雲だよー」という感じの歌を歌う……。

さらにお話だからと思わないでください! これも成功するんです。ただし、また問題が一つ。つまり風船にぶらさがっているものですから、巣の近くまで来ても、手を伸ばすことができない……。

まあ、何だかんだで、実はこのプロジェクトは失敗に終わるようです。傍目で見たら、

「なにバカなことをやっているんだ」と思うでしょう。

でも、本田宗一郎さんの言葉を思い出してみてください。九十九の失敗を積み重ねて、やっとたどり着くのが〝成功〟なのです。

誰から見て正しいかなど、本当は問題ではない。とにかく〝自分は正しい〟と信じて、そのとおりに行動する――その意味で、明らかにクマのプーさんは成功に近づいているのです。

それで失敗したら、別のことを考えるだけ。それだけのことではありませんか?

コドモゴコロ

4 負けたくないゾ！

「負けたくない」と思う力

——もっと結果を気にして
自分を成長させよう——

「人に負けたくない」というのは、当然の発想だった

子どもにもっとケンカをさせなさい――そんな理論があります。たとえば第1章でも紹介した井深大さんの『幼稚園では遅すぎる』（サンマーク文庫）には、こうあります。

ケンカの原因にも、いろいろあります。おもちゃの所有権争い、公園のすべり台やブランコの順番争い、悪口の言い合いなど、じつに千差万別です。しかし、原因のないケンカはありません。その原因をよく確かめもしないで、ケンカするのは悪いことだと教え込むのは、けっして幼児の協調性を高める結果にはなりません。いわんや、子どものケンカに親がしゃしゃり出るなど論外で、社会性を育てる機会を失ってしまうことになります。

子どもは子どもなりの論理を組み立て、お互いに自己を主張し合い、あるいは協力

し合っているのです。そこには、大人の論理が入り込む余地はありません。

このときの「子どもの論理」とは、どういうものだったのか？

たとえば、ケンカに限らなくてもいいと思います。どんな遊びをしているときでも、子どものときは誰かと張り合っていましたよね？

だいたい、男の子はとくにそうなんでしょうが、遊びにはほとんど〝勝つ〟という要素が入っています。野球やサッカーにせよ、鬼ごっこにせよ、あるいはトランプにせよメンコにせよポケモンにせよオセロゲームにせよ、あるいは女の子ならおはじきとか……。

いずれにしろ、子どものころに私たちは本気になって〝相手を倒そう〟としていました。競争社会に入る前から、すでに私たちは〝勝ちにこだわって〟いたのです。

でも、ここで考えてほしいのは、いったい何と闘っていたんだろうか？……ということです。

おそらく相手を蹴落としてやろうなんて思っていた人は、あまりいないと思います。

だいたい私たちがケンカするのは、ふだん遊んでいる仲のいい相手であったり、兄弟であったりします。

時には近所のガキ大将とか、隣町の不良とケンカした人がいたかもしれません。でも、そんな場合だって賞金がほしかったから勝とうとしたのでも、何か肩書きをもらおうとして争ったのでもありませんよね。

いずれにしろ、子どものときの「勝ちたい」という感覚は、「成績を上げて大学に入る」とか、「部長に認めてもらって昇給する」などというのと少し違うと思うのです。

〝負けたくない〟と〝人に抜きん出よう〟の大きな違い

全国の不登校児を集めて「師友塾」という学校をつくっている大越俊夫さんは、失敗して落ち込んだ子どもに「『あー、ダメだ』と言わずに、『ムッチャくやしいー』と言いなさい」と言葉をかけるそうです(『6000人を一瞬で変えたひと言』サンマーク出版)。

負けたら悔しい、だから何としても勝とうとする。こうして子どもは努力し、自分の限界を突破していくというわけです。

でも、実は子どもばかりではありません。大人だって、そんな〝負けたくない〟にムキになってしまう人はいます。

たとえば、かのアレキサンダー大王。大王というくらいですから、この人は国王です。他国ならともかく、自国マケドニアにあっては、黙って座っていれば、誰もがひれ伏すという身分でした。

ところがこの人は、とにかく〝負けたくない〟ということで、部下たちと意地を張り合い続けたそうなのです。たとえば「部下のなんとか将軍が勇敢だ」という評判を聞くと、「オレのほうが勇敢だぞ」ということで、次の戦争では自ら武勇を示すために突撃したりする。あるいは、「部下の誰々にリーダーシップがある」ということを聞くと、いや「オレのほうがあるぞ」ということで、大衆演説を始めてしまったりする……。

部下は部下で大王に認められようとして手柄を立てているのですから、張り合っている国王は、変といえば変でしょう。でも、こんな考え方から、世界の覇者が生まれているというのも事実なのです。

実は同じような経営者を、二人くらい知っています。一人は営業出身の社長、もう一人は開発出身の社長です。両方とも小さな会社だからできるのですが、一方は現役の営業マンとして、もう一人は開発者として現場の仕事をしています。

両方に共通しているのは、実際に社員に「負けたくない」という気持ちで、真剣に張り合って仕事をしていることです。でも、実は売上額やヒット成績で、社員に負けることもある。そのときは半分悔しい思いをしながら、思いっきりその社員にボーナスを出すそうです。そして、なぜか両方の会社とも、業界では大企業を食うくらいに好調な業績です。

もう一つ、京セラを創業した稲盛和夫名誉会長の話があります。まだ会社が小さかったころ、稲盛さんが真夜中まで仕事をしていると、同じように夜遅くまで明かりがついている会社があることに気づいたそうです。

「向こうも夜遅くまで働いているんだな……」

そこでどう思ったかといえば、「負けたくない」です。とにかく稲盛さんは、その会社の明かりが消えるまでは、毎日、仕事をしようと決めました。そうして夜を徹した努力をし続けたということです。

考えてみたら、これだって何に対しての勝ち負けなんだか、よくわからないですよね。誰が見ているわけでもないし、こちらが〝勝ち〟と思っていても、相手は勝負が行なわれていたことすら知らない……。

でも、これでいいといえばいいのです。そもそも「勝ちたい」「負けたくない」という心理は、「負かしたい」「勝たせたくない」という気持ちと違います。

ところが、この種の勝利欲が、いつのまにか〝人に抜きん出よう〟という意識に変わる。だから年収が一千万円の人は一億の人を見るとガックリするし、給料が大幅に上がった人は同僚が同じように上がったのを知って、今度は文句をつけに行ったりする……。

もちろん、「だからいけない」ということではありませんが、私たちはいつのまにか〝子どものころの闘い方〟ができなくなってしまっています。

そこで重要なことが一つ。

大人感覚の〝抜きん出よう〟という方法では、子どものときの〝負けたくない〟という感覚にゼッタイ勝てないのです。

それはいったい、どういうことなのでしょうか?

あの〝のび太くん〟の成功方程式

『ドラえもん』というマンガを、ここで取り上げましょう。

このマンガの主人公は、言うまでもなく、のび太くんという少年です。弱虫で怠け者で、勉強も運動もダメ。それに女性のしずかちゃん以外、目立って仲のいい友人も見受けられません。腕力のあるジャイアンとか、その取り巻きのスネ夫くんといった子たちには、いつもいじめられています。いまなら〝引きこもり〟になってしまいそうな問題児かもしれません。

その世話役として、はるか子孫から送られてきたロボットがドラえもんです。一家に一台は置いておきたいくらい、未来の道具でバンバン問題を解決してくれる〝頼れるヤツ〟ですよね。世代を通じて、みんなが欲しがったと思います。私もいつでもドラえもんが来られるように、勉強机の平台の下の引き出しをカラにしておくようにしました。

ただし重要なことは、必ずしもドラえもんは、のび太くんが乗り越えられない問題を、自分が代わって解決してあげたのではないということです。未来の道具で力を貸しながらも、あくまでもコーチ役として、のび太くん自身の潜在的なパワーで問題を乗り越えられるように指導しています。

では、もともとののび太くんに、どんなパワーが潜んでいたというのでしょうか？

実はこののび太くん、弱虫で怠け者でありながら、ものすごく〝負けず嫌い〟なのです。

富山大学で真面目に「ドラえもん学」を研究している方に、横山泰行さんという助教授がいます。この方が『「のび太」という生きかた』（アスコム）という本で指摘しているのですが、のび太くんにはマンガを通じてたびたび発せられる〝口ぐせ〟があります。

その口ぐせたるや、実は「ぼくだって」というもの。てんとう虫コミックス短編のなかで出てくるのは十回、近いニュアンスの表現までを含めると数倍の回数になるそうです。

つまり、〝ダメなのび太くん〟でありながら、それに対する反発心は人一倍強いということなのです。その反発心をバネにして、あらゆる〝負けたくない〟に対し、ドラえもんの道具を介在することによって、〝自分なりの勝利〟をつかもうとする。先の横山さんは、次のような言葉を述べています。

のび太なりに負けん気を起こして、積極果敢に彼らにチャレンジしています。こうした積極的なエネルギーの積み重ねのなかにこそ、夢が生まれたり、夢が叶うなにかが潜んでいるのです。


ここで〝彼ら〟といっているのは、ジャイアンやスネ夫くんのような周囲の人物ですが、実際ののび太くんの自己実現は、マンガということもあってはるかにスケールが大きくなっています。しかも、すべて〝自分なりのやり方で〟です。

たとえば、のび太くんにも人より優れた〝得意技〟というのが、結構あったりします。その一つはなんと、射撃の腕。ウソみたいな話ですが、未来のシューティングゲームでは、世界最高の記録を出したりしています。

すると、「もしもぼくが、西部劇時代のアメリカに生まれていたらなあ……。きっと拳銃王として、歴史に残るような活躍をしたと思うよ」という発想になる。ところがドラえもんには、「きみは臆病だからムリ」と一蹴されてしまう。

で、ドラえもんに内緒でタイムマシンを借り、十九世紀のアメリカ西部に旅立ったりするわけです。

これは『ガンファイターのび太』というストーリーの一部で、物語は紆余曲折しますが、最終的には未来の睡眠銃のようなものでのび太くんは大活躍。最後には伝説に残るガンマンになります。同世代の少年にそんな人はいないでしょうから、これはまさしくナンバーワンの大功績ですよね。

ユニクロが目指した〝世界一〟の意味とは

この『ガンファイターのび太』というストーリーのような方法は、ビジネスシーンでも度々お目にかかるものです。有名なのはランチェスター戦略のなかで「弱者の戦略」と呼ばれているものでしょう。「小さくてもナンバーワンになる」というものです。

これは要するに、強い相手に規模で争わず、何か一つ特徴を見つけて、小さな分野で一位になれ、というものです。たとえば日本一のラーメン屋さんになれなかったら、商店街で一番になれとか、あるいはチーズをのっけたラーメンで一番になれ……ということです。

　このチーズをのっけたラーメンは本当ですよ。私の事務所は東京の恵比寿という場所にありますが、ご存知のとおり、ここはラーメン屋さんの激戦区です。豚骨を使ったラーメンでさえ、多くの有名な店がひしめいています。

　そんななかで「九十九とんこつラーメン」という店が、このチーズの入ったラーメンで人気を集めています。独自の特徴で成功をおさめている、格好の例ですよね。

　企業でいうならば、かつて「ユニクロ」が台頭してきたときも同じでした。いまでこそ誰もが知るユニクロですが、もともとは柳井正さんが山口県で始めた小さなアパレル企業でした。ファーストリテイリングというのが、正式な会社名です。

　それが全国に躍り出たのは、「フリース」という商品で一点突破をはかった戦略でした。当時のことをよく憶えている人もいるでしょう。新聞の全面広告も電車の中吊り広告も、とにかくフリースのみ。店内の商品も、七割をフリースで統一しました。

　それで二〇〇〇年には千二百万枚のフリースを売り上げ、そのうち大手企業もマネをしだしますが、他の追随はまったく許しませんでした。

そうしてユニクロはナンバーワンになったのですが、考えてほしいのは、この〝ナンバーワン〟ということの意味です。たとえばユニクロ創業者の柳井さんは、一号店の成功のあと、すぐ「世界一のカジュアルチェーンになる」と言い始めました。その背景について、『プロフェッショナルマネジャー』（プレジデント社）という訳書の解説で、こんなふうに語っています。

一九八四年にユニクロ第一号店を出店し、自分の事業の最初の姿が見えたとき、僕自身も社員も、「自分たちでも、結構なことができるじゃないか」と思った。その思いがすべての出発点になった。現実の延長線上で考え、できるか、できないか、よくわからないうちに、「自分にはできない」と規定してしまうことは誤りだと気づいたからだ。

つまり「ナンバーワンになろう」と思ったときの発想が、決して「他のカジュアルチェーンの上を行こう」ではない。「よくわからないけど、自分たちにだってできないなんてことはないだろうから、とにかく上りつめてやろう」だったということです。

だから「世界一のカジュアルチェーン」というのは、決して外側からの比較の問題ではない。あくまで自分たちの内側から出てきた、方向性に過ぎないということなのです。これは、のび太くんの「ぼくだって」と同じこと、そのうえでガンマンなりフリースなりという〝自分ならではの方法〟が出てきているのです。

成功する人は、常に〝闘いが続いている〟ことを忘れていない

こんなふうに「世界一になる」という言葉を出すと、私たちは決算を偽ってまで見栄えをよくしようとしたライブドアのことを思い出します。しかし、いくら外見が勝っていたって、本当に勝っていなくては、子ども心の勝利欲は満たされません。これは、あくまでも子どもたちが〝遊び〟のなかでつかむ感覚とは本質が違っているのです。

私はあまり逞しい子どもではありませんでしたが、ゲームでも、ドッジボールでも同じこと。勝ったから友だちがひれ伏して、〝その相手と遊ぶのは終わり〟などということはありません。

昨日遊んで勝ったとしても、次の日にはまた友だちは遊びのなかで〝敵〟として立ち向かってきます。で、その都度、私たちは〝負けたくない〟と思う。この繰り返しをしながら、私たちは、競争それ自体を楽しんでいたはずなのです。

ところがこのようにして、毎日のように〝負けたくない〟とやっていると、「自分なりの闘い方」というものが生まれてきます。

実はこれこそ、のび太くんなり、ユニクロなりがやってきた「自分なりの闘い方」の本質なのです。どれも他者と比較して、「この方法なら他人に勝てる」と判断して選んだ戦略ではない。あくまで普段の〝負けたくない〟から、自分なりの闘い方をした結果として他者との違いが生まれてきているのです。

これは私の『会社を踏み台にして昇る人　踏み台にされて終わる人』（コンシャスプレス）という本でも述べた話ですが、「ナンバーワンになる」ということ自体は実のところ一つの指針にしか過ぎません。

それはよく言われる「オンリーワン」というのも同じ。どこかのビジネス書に書いてあったといって、他の人にない自分の個性ばかりを追求する人がいますが、それもキリがないことです。

そうではなく、重要なことは、いつも〝こだわっている〟ということです。こだわりは時にコロコロ変わるかもしれませんが、それでも構わない。なんせ〝こだわっている〟以上は、常に〝負けたくない〟が続いているのです。そうすれば自然に、ほかの人にできない自分なりの闘い方ができるようになります。

そして、いつまでも〝こだわって〟いる限り、本当はナンバーワンになったあとでさえも、バトルは続いていきます。これを象徴しているのが、日清食品の世界的ブランドである「カップヌードル」です。

少し前に、こんなカップヌードルのＣＭがありました。

愛をテーマにしたミスチルの曲のあとに出てくるのは、お花畑。その真ん中で花に埋もれているのは、リアルな戦車。そして上に乗って遊んでいる子ども……平和をイメージした強烈なイメージ広告ですよね。

言うまでもなく世界的なトップブランドの「カップヌードル」ですが、その地位を利用して、さらに壮大なテーマをもった商品への脱皮を図っているということです。

これも方法は変化したかもしれませんが、やはり自分たちなりの闘い方を続けているということですよね。決して大人感覚の〝抜きん出よう〟で終わっていないことがよくわかるでしょう。

「勝ち組」といわれる人の正体とは何か

「そんなにいつまでもいつまでも〝負けたくない〟では、大変……」

そんなふうに思う方もいるかもしれません。

しかし、それもやっぱり大人の発想です。なぜなら子どものときに友だちと張り合ったことを思い出してみてください。決して大変だなんて思ってやっていないでしょう?

そう、子どものときの〝闘う〟は、同時に遊びであり、ゲームでもあったのです。だからこそ、ある意味で私たちは闘いを楽しんでいました。

これは〝こだわる〟ということに関しても同じです。たとえば縄跳びが好きな子どもは、あや跳びができたら、次は二重跳び、その次は三重跳びとレベルアップしていく。将棋で自信をつけた子どもは、どんどん強い相手と闘って、自分を磨いていく……。

いずれも褒められるとか、体育の成績を良くするとか、そういったことは二の次でした。ただ、自分自身のレベルを高めること、それ自体が喜びだったのです。そういえば、先ののび太くんの物語だって、ただ「自分を試してみよう」から西部の町にタイムトラベルしていましたよね。

ところが〝抜きん出よう〟の闘いは、やはり〝人の上をいく〟こと自体が目的です。あるいはその結果もらえるボーナスだったり、地位だったり、名誉だったりと、副賞品自体が目的になります。

だから、楽しくないのです。

たとえば「ドラクエ」にたとえるなら、どんなに上のレベルに行っても、モンスターはやっぱり出てきます。ところが〝抜きん出てしまった人〟は、そのことに気づきすらしません。つまり「出てきたら、やっつける」という習慣自体を失っています。

だから失墜していく……というわけです。

でも、現実にモンスターが登場している以上、それを退治している人が世にはいます。

これが〝負けたくない〟を大人になったいまでも続けている人です。

そんな人の一人に、世界最高の投資家とされる、ウォーレン・バフェットがいます。

言うまでもなく、株の世界でアメリカでも有数の億万長者になった人物ですが、そのお金に関して、彼はこんなことを言っています。

お金が〝ほしい〟のではありません。お金を稼ぐこと、そしてお金が増えていく様子を見ることが楽しいのです。（『ウォーレン・バフェット　自分を信じるものが勝つ！』ジャネット・ロウ著、ダイヤモンド社）

つまり、お金が儲かっているというのは、あくまで投資家として勝負をしている結果であって、それが目的ではないということです。そのせいかこの人は、お金にほとんど執着しない〝変人〟としても知られています。

だから、こんな皮肉まで言われています。

億万長者のくせに、初めて買った家に住み続け、中古のシボレーに乗っている。ウォーレン・バフェットみたいな人間は理解できない。

理解できない人は、やっぱり子どものころの〝闘うこと自体の楽しさ〟を忘れてしまっているのです。

絶望のなかにいながら、決して負けなかった少女

子どものころの「負けたくないと思う力」を考察してきた本章ですから、最後には、いまなお大人たちに感動を与え続ける一人の少女の〝闘い方〟を紹介しておきましょう。ちょうど十四歳で、こんな決心をした少女です。

いまこそわたしは、ほかの少女たちとは異なった生涯を送ってみせると心に決めました。ほかの少女とは異なる生きかたをし、さらにおとなになったなら、普通の主婦たちとは異なる生きかたをしてみせる、と。

そのために選んだ「闘い方」は、〝文章を書くこと〟でした。

わたしは世間の大多数の人たちのように、ただ無目的に、惰性で生きたくはありません。周囲のみんなの役に立つ、あるいはみんなに喜びを与える存在でありたいのです。わたしの周囲にいながら、実際にはわたしを知らない人たちにたいしても。わたしの望みは、死んでからもなお生きつづけること！　その意味で、神様がこの才能を与えてくださったことに感謝しています。このように自分を開花させ、文章を書き、自分のなかにあるすべてを、それによって表現できるだけの才能を！

おわかりの方は多くいるでしょう。これを書いた少女はアンネ・フランク、有名な『アンネの日記』（文春文庫）からの引用です。

ご存知のように、アンネはドイツ占領下のオランダにあって、ユダヤ人として二年に及び隠れ家での生活を続けました。そして、もうちょっとで終戦、というところで発見され、アウシュビッツの収容所へ送られることになり、十五歳の生涯を閉じます。

だから〝平和〟というイメージが『アンネの日記』には強いのですが、実を言うと、戦争に関する記述は決して多くありません。

ここに見られるのは、十三歳から隠れ家での孤独な生活を余儀なくされながらも、自分の生きる道を必死になって見つけようとする少女の姿です。実際に数人で閉じこもった潜伏生活で、アンネは大人たちの確執や、病んでいく心理に接していきます。

そんななかで〝日記を書く〟という行為を通して、ひたすら自分自身の内面と格闘し、成長していく――このパワーこそが、いまなお多くの読者の心を打っているのだと思います。

『アンネの日記』は、一貫してキティーという実在しない友人にあてて書かれています。そういう意味では、最初のうちは孤独な少女が、心のなかで描いた友に思いをぶつけるものに過ぎませんでした。

ところが歳月を通じて、アンネは明らかに〝読者〟を意識するようになります。キティーという仮想の人間だったものが、〝不特定多数の読者〟に近づいていることが感じられます。

おそらく〝読んでもらいたい〟ということを意識するか、あるいは日記を書くことを作家になる練習のようにとらえていたのでしょう。実際にわざわざ人物名をあとで仮名にしているし、注釈まで加えたりしています。

ということは、「戦争が終わったら作家デビューする」なんてことを考え、実際にそのための策も練っていたのです。しかもそれ以外にだって、彼女は童話まで書いています。絶望的な環境にいながらも、決して〝負けたくない〟と行動する。あなたは自分自身ができると思いますか？

できない、という方には、彼女のこんな言葉が胸に響くかもしれませんね。

ごく正直に言うと、「自分は弱い性格だ」と言いながら、それで平然としていられるのって、わたしにはとても考えられません。それがわかってるんなら、なぜそれと闘おうとしないんでしょう？　なぜその性格を鍛えなおそうとしないんでしょう？　答えはこうです。「このままでいるほうがずっと楽だから！」この答えには、少々失望せざるをえません。

コドモゴコロ

5 「優しい」ということ

「優しくなる」力

——人から信頼され、幸運がまわってくる人になるにはどうするか——

子どものとき、素直に人のことを思えたのはどうしてだろう

子どものころ私たちは、「本気になって〝相手を倒そう〟としていた」と第4章では述べました。本章ではそのときの〝敵〟との関係について考えてみます――なんていうと仰々しいですが、イコール〝友だち関係〟ですね。

「碁に凝ると親の死に目に逢わぬ」という言葉があるそうです。碁というとかなり渋いのですが、別に将棋でもいいし、麻雀でもいいし、対戦型ゲームでも、もちろんテニスでも卓球でもかまわないでしょう。要するに遊びで競い合っている相手との関係は、時に親子関係をも越えてしまうという意味です。

子どもはゲームをしているときに、「弱いくせに」とか、「へたっぴ！」とか、友だち同士でよくののしりあったりもします。

ところが、こんなふうに相手への悪口を公然と言えることで、逆にお互いの信頼感を強めていたりもする。負かしたり、負かされたりすることには、お互いを認め合ってい

く効果もあるようです。

実は、そんな指摘をしているのは、心理学者の河合隼雄さんです（『大人の友情』朝日新聞社）。ここでは「幼なじみ」という友人関係について、「世間の評価とか、利害と関係なく、お互いに存在を認めあっている」と分析しています。

たとえば、あなたにも経験があるかもしれません。昔の友だちなどに会うと、いつも決まって同じような昔遊んだ話で盛り上がったりする。

それで「いまは大変なんじゃない?」なんて、リアルな話をふったりすると、「うん。大変でねえ……」と話はフェイドアウト。

で、「そうそう、さっきの話だけどね。あのときオマエ……」などと、再び過去の追想で盛り上がったりする。

何だか前向きでないとも思うのですが、先の河合先生は、まったくそれで構わないと言っています。

人間が社会のなかで生きてゆくためには、それ相応の「衣服」をまとっていなくてはならない。衣服というよりも「鎧」と言うべきだと思うこともある。それぞれ地位や役割があって、それにふさわしい行動をしなくてはならない。しかし、友人の間では「鎧を脱いで」も大丈夫だ。そんなことで守られなくとも、お互いに共有するものが支えとなり、安心できる。ほっとしたり、慰められたりするのである。

ところが仕事を通じて知り合った関係ともなると、なかなかこんな関係にはなりません。ゲームなら「弱いくせに!」といって認め合いますが、「できないくせに!」なんて同僚や後輩に言ったら、大変なことになりますよね。これがどうしてかというと、目的や理想を共有する関係になると、〝評価〟が関係のなかに入ってきてしまうからだそうです。

つまり私たちが子どものころは、自分の「鎧」を脱いで、「まるごと認め合う」ことができた。ところが、いまの目的や利益とつながった人間関係のなかでは、なかなかそれができずにいるというわけです。

〝お互いを認め合う関係〟とは、まさにこんな関係！

実を言うと、私は中学、高校のころの友人で、いまも仲良くつき合っているという人間が、あまりいないのです。寂しいヤツだって？　ほっといてください。

というのも、いまでこそ事務所を立ち上げて、世に逆らったような商売をしている私ですが、中高と一貫して受験校に通っていました。先の河合先生の言葉をお借りすれば、〝目的や理想が先行した〟世界にどっぷり浸かっていたわけです。

もちろん、そんななかでも親友関係をつくっていった人はいたのでしょうが、私は「鎧」を脱ぐことができなかった。だから「まるごと認め合う」友人もつくれなかったのでしょう。

ところが大学に入ると、状況が変わります。私は文学部でしたが、ここには目的や理想がバラバラな人間たちが、まさしくアトランダムに集まっています。すると何となく「鎧」が脱げるようにもなる……孤独な少年も、やっと認め合える友だちができた、と。

幸いなことに、まだ私も、寂しくて死んじゃうようなことにはなっていません。

日本でも多くの話題を呼んだ『リトル・ダンサー』という映画がありましたが、このなかにもそんな友人関係が出てきます。

イギリスの貧しい炭鉱の町で、ボクシングを習っていた男の子が、ふと隣で女の子たちが習っていたバレエに興味を持つ。そして親の反対に抵抗しながらも、やがて世界的なバレエダンサーに成長していく……そんな映画でした。

男の子がたった一人、女の子のなかに混じってバレエを習うのですから、これは相当の勇気がいります。周りから変な目で見られるし、そうでなくても無骨な炭鉱夫の町。「女がやることをやるな！」と、お父さんは一喝です。

そんななかで、「決してバレエをやっているのはおかしくない」と、男性では唯一、彼を認める友人が登場します。ところがこの彼もまた特殊な子で、実はゲイの素養が芽生えています。自分のアイデンティティに苦悩しながらも、密かにお母さんの服を着て、叶わぬ願望を満たしていたりするのです。

でも、この少年は、反対されながらもバレエを続ける友人に触発されます。そして「誰にも言わないで……」ということで、自分が女として生きたいことを打ち明ける。

一方でダンサーの少年は「誰にも言わないさ」と彼を認め、それだけでなく「女性のバレエ服を着て踊る」という、彼の密かな願望を叶えてあげます。

奇妙といえば奇妙なのですが、こうしてお互いに認め合って、それぞれがそれぞれの夢を実現していくわけです。映画の最後でこの少年はバレエダンサーとして初の舞台に立ちますが（それどころか配役も本当に世界的なダンサーになっていますが）、客席にはすっかり〝女〟になったこの友人の姿も見えていました。

「優しくなること」は、ビジネスに必要ないのか

さて、ここまでだったら、「それがどうした。仕事には関係ないだろう」ということになってしまいます。

ここで問題にしたいのは、この「お互いを認め合う」ということです。目的や利益に対する〝評価〟が関与してきますから、ビジネス上においては、これが難しいことはすでに述べました。

しかし、ダンサーの少年とゲイの少年に見たように、「お互いを認め合う」ことによって生まれるのは「お互いの自己実現」です。この最終目標は、ビジネス上、好ましくないものでしょうか?

そんなことはありませんよね。

たとえば、社内の上下関係です。あなたが仮に、「会社でガンガンお金を稼げるようなカリスマサラリーマンになりたい」と考えていたとします。それが実現したら、上司のほうはどうでしょう。

こっちはこっちで、「カリスマサラリーマンを育てた、カリスママネジャー」なんてことになりますよね。

もちろん部下を自分の下僕にしたいとか、自分より売上を上げるヤツは許せないとか。あるいは自分のささやかな願望を満たすための、特殊な商品を開発したがっている部下とか、また密かに会社の転覆を狙っている某会社のスパイ社員とか……そんな人だったら別ですが、基本的にはお互いが自己実現できる状況こそ、会社組織にとっては最も望ましいはずです。

これは会社とお客さん、という関係だって同じです。そもそもお客さんは自分が欲しいものを買おうとしているのですから、これは自己実現することですよね。一方で売る側はもちろん、お客さんの役に立てれば自己実現です。

もちろん、これを称して〝子どものころの友だち関係になることと同じ〟と言うつもりはありません。実際に友人になる背景には、性格的な一致条件もあるし、それ以上に会う頻度や、偶然性もあります。

でも、少なくとも「鎧」を脱ぎ捨てようと試みることや、「相手のことを認めよう」とすることは、本来ならビジネス能力として非常に重要なものだと思うのです。これが本章で検証したい、子どもの「優しくなれる力」です。

人をいかに〝内側から〟判断できるか

あなたが最初に〝友だち〟になった子のことを考えてみてください。その子がどんな環境にある子どもで、どんな性質を持っていて、どんなふうにあなたの役に立っていたかなんて、説明できますか？

できませんよね。そもそも〝最初に友だちになった子〟と、いまでも仲良くつき合っているという人すらまれだと思います。たいていは近所の子どもだったりするのでしょうが、私たちは〝外から〟判断して友だちになるのではなく、あくまで〝内側から感情を分かち合う〟ことによって、「友だちを選んでつくる」のではなく、「自然に友だちになって」いたのです。

でも、子どものころから、すでに私たちは〝利益〟や〝評価〟によって外から人を見るようになっていきます。たとえばクラスにいじめられっ子がいる、そんなときに〝内側から感情を分かち合える〟子って、なかなかいませんよね。どうしても「自分がいじめられるようになったらヤバイ」になってしまいます。

さらに極端な例をあげれば、以前、女性を監禁して逮捕された〝王子さま〟の事件がありました。この男性などは子どものとき、友だちをつくるために、自分の小遣いをばらまいていたそうです。親が金持ちだったから小遣いもあったのですが、「今日、一緒に遊んだから、はい一万円」なんてやる。

まあ私が近所にいたなら喜んで舎弟になったかもしれませんが、「ひどいガキ」なんて思う前に振り返ってみてほしいのです。

「オマエはこれだけオレのために働いているから、○○円」といって給料をあげる。それで失敗したら、「なんでこんなにお金をやっているのに、言われたことができないんだ」と、文句ばかりを言う。

あるいは契約を結んでほしいからと、接待にお金をつぎ込んだり、自分の売上ほしさに利益率も度外視したようなセールスをする営業マン。なかにはお客さんが買わないそぶりを見せると、叱りつけて売ろうとする人までいますよね。

結局、いまのビジネス社会で、私たちは同じことをやっているのではないか、ということです。いくらお金を出したって、あるいはいくら暴力で脅したって信頼関係など得られないことを、よく知っているはずなのに、です。

「ビジネスだから」とか、「会社だから」というのは、正当化する理由にはなりません。もちろん仕事は自己責任でやるのだから構いませんが、結局はお客さんから信頼される営業マンが利益を出しますし、社員がイキイキと働いている会社のほうが、普通は成長します。

利益を出したくてあくせくしているビジネスマンに求められているのは、結局のところ、子どものころに立ち戻った、〝本来的な優しさ〟なのです。

優れたビジネスマンほど、どんな人とも〝対等〟になれる

私は別に、「知り合った女性に首輪をつけて暴力をふるう男と、多くの日本人は変わらない」などと言うつもりはありません。それどころか、多くの人は〝優しい〟のです。ところがその優しさも〝認める〟ということが根底にないから、どうも空回りしてしまいます。

たとえば、かつての私の上司です。この人は、やっぱり〝優しい〟のです。ただ上司だから、自分が面倒をみなければいけないなと思っている。コイツのために自分はできるだけのことを教えなければいけないな、と思っています。

だから、たとえば企画書などを持っていくと、「バカ！」と一蹴されます。内容などを見たかどうかはわかりません。きっと自分の考えているところと違うと思ったのでしょう。

ちなみにこの企画は、のちに別の会社で実現して、大成功しました。でも、そんなこ

とはどうだっていいのです。その上司にとって重要なのは、「厳しさをバネにすれば人は伸びる」ということです。だから部下の能力を伸ばしたいから、何でもいいから、とにかく叱る。心を鬼にして部下に「バカ！」と言う。

そう、とても〝優しい〟のです。たぶん……。

ところが、この上司も、あまり厳しすぎたら部下の気持ちが失せることはわかっています。だから〝とっても優しいモード〟になることが、時折あります。このときは意見が何でも通ってしまうし、自分が苦し紛れに出したようなアイデアまでが通ってしまって逆に困ることすらある……。

だから、とっても〝優しい〟のです。でも、これでどうなるかといったら、仕事のほうは空回りですよね。

とはいえ、こんな上司になってしまう心境もわからないではありません。〝相手を認めて、優しくなる〟ということは、ビジネス社会で上にいけばいくほど難しいこと。なぜなら努力して、築き上げてきた地位とプライドがあります。自分より相手が下と思うのは当然のことです。

〝認め合う〟ためには、自分と相手を対等な立場で考えなくてはいけません。たとえば、あなたが企画書などを書いているときに、どういうわけか、たまたまその場にいたガングロの女子中学生が「そこ、もっと直したほうがいいんじゃない?」なんて言ってきたとします。それが至極まっとうなことだったとして、はたして素直に耳を傾けられますか?

ところが、優秀な人に限って、やっぱりこれができるのです。一番代表的なのは、かの松下幸之助さんでしょう。その有名な口ぐせは、「君どう思う?」というものでした。仮にも世界的に有名な経営者だった松下幸之助さんです。その人が入社したての社員から、パートの従業員から、料亭の店員さんにまで、あらゆる人に「君どう思う?」と意見を求め、相手が言うことに真剣に耳を傾けたというのです。

これには二つのメリットがあったようです。一つは本当にきちんと耳を傾けるのですから、情報がどんどん集まって、アイデアも自然と出てくるようになったことです。

それはそうでしょう。自分が知らなかった情報を、パートの人が持っていたって別に不思議なことではありません。別の生活を送っているのですから、感じる情報だって違ってきます。ただ、それを多くの人がまともに聞こうとしないだけのことです。

もう一つは、信頼感です。というのも、自分の意見を真剣に聞いてもらえれば、誰だってとても嬉しいですから。これが世界の松下さんであれば、なおさらのことです。だからこそ、松下さんは新入社員にも、パートの従業員にも、料亭の店員にも好かれることになり、連鎖して個人の評判はおろか、会社のブランドまで高めることになったのです。

部下を〝育てる〟のではなく、〝育つ〟ようにする

松下幸之助さんは、もともと体が弱く、学校教育をろくに受けられなかったというハンデを背負っていたそうです。だから「人から教わる」ことで、自分自身の弱みを克服していくことができました。

これは経営者になったあとでも同じです。「オレは偉いんだ」なんて驕《おご》った態度にならず、どんな人とも対等になれたからこそ、素直に目下の人からでも〝教わる〟ことができたわけです。

考えてみれば、「教える」とか「育てる」というのは、あくまで〝上の人が下の人に〟

という固定観念です。だから一般に、上の人は下の人から「教わる」ことができないし、「育てられる」こともないのです。

ビジネスの現場でも、「人を育てる」という意識をはっきりと否定している経営者がいます。有名なのはリコーという会社を超優良会社にのし上げた、浜田広会長でしょう。

つまり社員や部下を育ててやろうという感覚自体に、「自分は相手より立派だから」という〝主観的な評価〟が含まれているのです。

浜田さんは経営者として、「人を育てるなどということができるわけがない」とハッキリ言っています。人は勝手に育つということです。ただ、〝自分の思いどおりに〟と考えるからおかしくなるのです。これはある意味、先の監禁犯のように首輪をつけて〝飼育〟することと似たようなことなのかもしれません。

経営者として重要なことは、ただ、人が育つような環境を用意すること。それが結局は、社員が自主的に判断して、成果を上げる会社をつくっていくということなのです。

では、どんな環境を用意すればいいのか。浜田さんは『浜田広が語る「随所に主となる」人間経営学』（講談社）という本で、こんなことを語っています。

上司は、部下である人間に対して関心をもつことがたいせつだと思う。個人に関心をもつということは、やさしさの表れでもある。

「オレはもともとおまえなんかとは、つきあいたくない」「この仕事の成果以外では、オレとおまえは関係ない」。これでは人間的な共感が得られない。人間的な共感が得られる部分がなければ、上司と部下の関係は無機的でしかない。

私たちはひたすら〝利益〟とか〝成果〟とか、ことさら自分の評価ばかりに固執した人間組織をつくろうとしている感があります。「ビジネスだから」という理由でひたすら無機的になり、上司が部下を動かして、〝内面における理解〟を否定します。

でも、そんな無機的になっていく一方のビジネス社会で、ひたすら有機的であろうとするリコーが八期連続で増収を更新していたことも事実なのです。

結局、伸び悩む会社に忘れ去られたものは「優しくなる力」なのではないでしょうか？

そして〝対お客さん〟に関しては、もっと同じことが言えます。

〝お客さんに優しい〟を誤解してはいけない

お客さんに〝優しい〟会社でないと成功できない。それはおそらく納得いただけるでしょう。本書でもここまで、いくつかの例を紹介してきました。

店をのぞいた貧しい女性に夢を見させたノードストローム、亡き娘さんの席をわざわざつくった東京ディズニーランド……みんな〝優しい〟ですよね。

ところが、何でもかんでも相手の望むようにしてあげることが、本来の〝優しさ〟ではありません。〝内側に共に立って感情を分かち合う〟のです。自分の言い分も通し、お互いが納得したうえで最終判断を相手に任せるのが、子どもの「優しくなる力」でした。

だから本当に〝優しい〟企業は、自分の主張をはっきりと表明して、「こういう方になら私たちは優しくできます」ということを表明しているのです。たとえば、東京ディズニーランドを見てください。ここではお酒の持ち込みもできませんし、ビニールシートを拡げることも禁止です。自分たちの価値観を理解してくれる人だけを最初から絞って、

〝優しく〟しています。

さらに「地球上で最もお客さまを大切にする会社」を目指しているのは、ネット書店のアマゾン・ドット・コムです。つまり〝お客さんに優しい〟のです。

たとえば『アマゾンの秘密』（松本晃一著、ダイヤモンド社）という本を見ると、年老いた学者の「自著をあらゆる講演先に送りたい」という要望に対し、入力の代行を必死に手伝ってあげたスタッフの話が出てきます。

ところが、誰も彼もに優しくしているわけではありませんし、そもそもこの会社はネット通販ですから、〝そのスタイルに最初から納得してくれる人〟しか受け付けていないわけです。たとえばCMで広告を見たとか、新聞で広告をしていたとか、あまり見ませんよね。

わざわざアマゾンの例を出したのは、実は私にとってアマゾンはとても〝優しい〟からです。たとえば私がアクセスすると、いつも「おすすめ商品」のところには、私がよく買う類の本がずらっと並んでいます。注目している著者の本などの新刊情報も、時折送ってくれます。

なぜそうなるかといえば、ひとえに私がアマゾンをよく使って、本を購入しているからです。その都度、「自分はこんな本を買います」という情報公開をしているわけです。するとその情報を送った量に比例して、向こうもより応えてくれます。つまり〝認め合えば認め合うほどに優しくなる〟というシステムを最初からつくっていると言えます。

一方で、「この店は、あなたにもあなたにも、あなたにも、みんなの要望に応えます」と言って、とにかく商品量ばかりをどんどん増やしていく。あるいは、〝みんなにとっていいように〟とばかりに、商品をどんどん〝ただ安く〟していく。

これらが本当に〝優しい〟こと、と言えるのでしょうか？　そして、どこがとは言いませんが、やっぱりモノが売れない時代に苦労しているのは、そういう企業なのです。

トップセールスマンが〝儲け〟を度外視して言える、この一言

「認め合った関係」になれば、成功している人は、みなお客さんに〝本当に優しい〟のです。だから、〝利益〟とか、〝儲け〟をある意味で超える。これは本当です。

たとえば、私はトップセールスマンと呼ばれた人を数人知っていますが、〝決め言葉〟

として決まって出てくるのが、「ここだけの話ですが……」というもの。使うシチュエーションは、こんな感じです。

「オタクの新製品、あれいいね？　コピーとファックスと液晶テレビと冷蔵庫が一体型になっているヤツ！　売れているみたいだね。ウチでも購入しようと思っているんだけど。二百万円だっけ……？」

「いやあ、やめたほうがいいですよ」

「どうして？」

「いやここだけの話、あまり重宝しないんですよ。コピーやファックスをほとんど使わないところならいいんですがね。御社みたいに、始終人が使っているような会社だと、テレビ画面の前にいつも人がいてほとんど使えませんよ。それに電源を食うから、冷蔵庫だって冷えません……」

極端な例ですが、こんな感じです。

ちなみに私も、そんな営業マンに出会ったことがあります。それは事務所を立ち上げるときに出会った、不動産屋さんの営業マンです。

実はその不動産屋さんに入ったとき、表に貼ってある物件で、お気に入りの街に、広くてまあまあの価格のいい物件があったのです。それを見せてもらおうと思っていました。

ところが、たまたま担当になった人が言ったのです。

「いいですよ。見せましょう。そして、たぶん見たら気に入ると思います。でも、私は勧めませんね」

「どうしてですか?」

あとで聞いたら、その隣にちょっと騒がしい建物がすでに建つ予定になっていたそうなのです。その前に、そこのボスが何としても貸してしまおうということで、一生懸命に宣伝していたとのこと。

「同じくらいの、いい物件が近くにいくらでもあります! 私に探させていただけませんか?」

そういうことで、結局私は、もっと立地のいい場所に、さらに安く事務所を構えることができました。偶然ですが、いい営業マンに出会ったと思います。

そもそも私たちは〝儲けを度外視できる人〟に憧れていた

〝行列のできるスーパー町工場〟で知られる岡野雅行さんは、ほかの工場でもできるような仕事だったら、いくらお金を積まれても受け付けないそうです。

そのほうがお客さんに無駄な出費もかけずに済むし、他の工場も仕事が受けられ、業界が活性化する。両者にとってトクになる関係を交渉学では「ウィン―ウィン」(勝つ―勝つ)と呼びますが、まさにその究極的なものですよね。

これは目先のお金を捨てることといえばそのとおりですが、結果的には、もっと大切なものを得ることになります。

そう〝友情〟――ですが、ビジネスでは信頼感とか、さらにもっと深まれば〝ブランド〟というものになります。

優れたビジネスマンは、〝優しさ〟によって「お金」より「友情」を選ぶ。その結果、回りまわって〝お金持ち〟になっているということなのです。

こんな発想転換は、難しいことでしょうか？

でも、私たちが最初に憧れるビジネスマンとは、まさしくそんな人だったはずなのです。

えっ？　なんて言わないでください。そうだったじゃないですか。

たとえばウルトラマンです。この人はたしか〝宇宙警備隊〟みたいなものに属していたはずですから、やっぱり地球を守ることでビジネスをしていたわけです。きっと給料は、本部から出ていたのでしょう。

でも、ときどき割に合わない仕事だって出てきます。たとえば変身して怪獣と闘おうとしたら、なぜかそこが〝怪獣島〟のようなところで、一匹倒したと思ったらもう一匹、とゾロゾロ出てきた。そんなとき本部に電話をかけて、「ちょっと契約外だよ！」とか、「人手が足りないよ！」なんて言ってましたか？

とにかく、辛くても「シュワッチ」しか言わない。ムリにでも三分間で勝負するのがウルトラマンでした。本部も薄情で、本当に倒されてしまったときにしか応援に来ません。

さらに私が憧れたのは、ルパンⅢ世という人でした。この人は〝泥棒〟が仕事です。

たとえば、『ルパンⅢ世 カリオストロの城』なんて映画を見ると、目的のために必要経費をふんだんに使っています。旅費に、秘密道具費に、武器費に、自動車の改造費などなど……。

で、収入はといえば、宝物と思っていたものは古代遺跡でしたから国家遺産。偽札の原版は、銭形警部のほうへ引き渡す。助けたお姫様が仲間になると言っても、「あこぎな商売はやるな」と却下……。

結局のところ大赤字なのです。それでも、最後まで目的は達成する。そうして颯爽と去っていく……そんな姿勢に私たちは、憧れたのではありませんでしたか?

ちょっとくらい、子どものころに憧れていた自分を思い出してみましょう!

コドモゴコロ

6 素直に「感じる」こと

感情を表現する力

――〝泣く〟〝笑う〟〝怒る〟……それが仕事の基本です！――

ある朝突然、大人になってしまった少年の物語

十三歳の男の子が、ある朝目覚めたら、突然に大人になっていた。両親には我が子を誘拐した犯人だと誤解され、逃げはしたものの、これからいったいどうしよう……と、そんな出だしで始まる映画がありました。

これは『ビッグ』という作品で、まだ若かったトム・ハンクスが〝大人になってしまった少年〟を演じています。

それで子どものまま大人になってしまった男性が、どうなったかといえば、ビジネスの世界に入り、〝異例の出世〟を成し遂げてしまうのです。

たしかにオモチャ会社に就職しますから、〝子どもである〟ということが生かされてはいます。これは新聞の就職欄か何かを見ていて、コンピュータ業務、オモチャ、面白そう……と、それだけで面接に行ったことがきっかけでした。

とはいえ、そこにいたのは、開発や営業のプロフェッショナルばかりです。どのよう

にして役員クラスにまで出世することができたのでしょうか？

実は何もやっていないのです。ただ、自分の会社の製品で楽しんでいただけです。それで、ただ一言、自分の感情を表すだけです。

たとえば新製品の企画会議です。ビルに変形するロボットのオモチャがあって、会社で一番のエリートがグラフを皆に表示して、説明しています。

「私がマーケティング調査したところによると、ロボットのオモチャに興味を持つ男の子は、○歳から○歳まで。その層に属する子どもは、いま全米に○人いますから、市場としては大変有力になっています。しかも、その内訳を調べると、都会に住んでいる層が全体の○パーセントを占めます。そういう子どもにとって、高層ビルは一種の憧れになっていると思います……」

社員たちは、感心してこんな感じの説明を聞いています。ところが〝大人になった少年〟だけが一人ガチャガチャと、ロボットをビルにすることを繰り返している。そして手を上げて発言します。

「わからないんですが？」

「何がだよ!」

「これの、どこが面白いんですか?」

「………」

「せっかく格好いいロボットなのに、大人が働いているビルに変形してしまって、つまらないんですけど……。昆虫とか、もっと格好いいものにすればいいじゃないですか」

まあ私自身はその昔、東京のホテル・ニューオータニをロボットの足だと思っていましたから、エリートの発想もわからなくはないのですが、こんなふうにして〝少年〟は会社に革命を巻き起こしていきます。

何より彼を通して変わっていったのは、そこで働く人たちです。社長は彼と一緒に会社のオモチャで楽しみ、どんな商品をつくるべきかのヒントをつかむ。キャリアウーマンで彼の恋人になった女性も、彼と一緒に遊ぶことで、仕事をして喜ぶ気持ちを取り戻していきます。

たった一人、先のエリート社員だけが彼を理解できなかったのですが、その男に、キャリアウーマンの女性が言った言葉が印象的でした。

「あなたは子どもなのよ。彼（つまり〝子ども〟）は、ずっと大人だわ！」

〝人の気持ちを動かす商品〟でないと、売れることはない

〝子どものほうが大人である〟というのは奇妙ですが、なぜそんなふうに大人として生きてきた優秀なビジネスマンたちが、そう思ってしまったのか？

それは〝子どものまま〟だったこの男のほうが、よっぽど原理原則に適っていることをやっていたからです。

人を不快にさせたり、退屈させたりするような商品は、もちろん売れません。逆に喜ばせてくれるものであったり、感動させてくれるものであったり、ワクワクさせてくれるものだったら、人は喜んでお金を出します。

同時に、人を悲しませるような人や、怒らせるような人に〝ついて行きたい〟と思う人はいませんよね。笑わせてくれたり、夢を見させてくれるような人だったら、ついて行きたくなります。

子どもだろうが大人だろうが、これは変わりません。人間は実際に、感情で動いているのです。私たちは欲しいものを買うし、好感を持った人を好きになる。別に調査して、分析して、論理的に判断して欲望を持つのでもなければ、恋愛感情を持つのでもありません。

ところが、なぜか皆がそれを忘れ、〝子どもである大人〟だけが、そのままそのとおりのことをしたのです。「彼のほうが大人である」とは、〝当たり前のことを、ごく当たり前にできる〟ということではないでしょうか？

そこで現実に新しい商品の開発などを考えてみると、「こんなものがあったら面白いんじゃないか」というウォンツが先にあり、それを裏付けるために理論やデータを使う……というのが基本だと思います。ところが、なぜかデータや理論を先に持ってきて、「その結果、これが面白いです」なんていう企画会議が行なわれている。私は出版社にいた経験がありますから、よく知っています。

たとえばA社でベストセラーが出た。だからこのテーマは面白いんだろうということで、類似商品ばかりが出版される。たまに新しい著者が新しい企画を持ってくると、「面白いけど、面白い理由がない」という何だかわからない結論になってしまうわけです。

そんななかで、新しい著者を積極的に発掘している出版社が勝ち組になっているのも、当然といえば当然かもしれません。

こんな例はいくらでもあります。たとえば、どことは言いませんが、バブルのころには東京ディズニーランドにあやかったようなテーマパークが、日本各地に乱立しました。しかも本当にディズニーランドにあやかったのか、やたらと交通アクセスの悪いところにつくられた気がします。

人気のあるブランドのマネをしている。あるいは、過去に人気のあったブランドを踏襲している。これはたしかに〝面白い〟という理由にはなるでしょう。でも、理由があっても面白くないものは、面白くないのです。

〝子どもっぽい会社〟が、なぜか成功しているその理由

そもそも〝ブランド〟というのは、〝人の気持ち〟を触発することでできる、非常に感覚的なものです。理論の通用する世界ではありません。

たとえば、ブランド構築の手法として古くから知られるものに、「ＡＩＤＭＡ（アイドマ理論＝消費行動のプロセス）」という分析法があります。

Ａ（アテンション）……注意を起こさせる
Ｉ（インタレスト）……興味をもたせる
Ｄ（デザイア）…………「欲しい！」と思わせる
Ｍ（メモリー）…………記憶に残させる
Ａ（アクション）………購買行動を起こさせる

これらをすべて満たせば、もちろん商品は売れるでしょうから、当たり前と言えば当たり前のことを言っているだけのことです。

ただ、ここにあるのはすべて〝感情〟なのです。実際は「このとおりのものをつくったからブランドになった」というのでなく、「ブランドはすべてこの要素を持っている」という後付けの理論に過ぎないのですが、そんな感情を動かし続ける商品だけが、強力なブランドとして支持を集め続ける、ということです。

逆に、こんな〝感情〟を裏切って失墜していくブランドも、ときどきあります。『あのブランドの失敗に学べ！』（マット・ヘイグ著、ダイヤモンド社）という本に、そんな例がぞろぞろ出てきます。

味を変えて大失敗した「ニューコーク」とか、自分たちのブランドの価値観を一八〇度変更して見放された自動車の「オールズモービル」や、アパレルの「トミー・ヒルフィガー」などなど……。

みんな相手を〝不快〟にして、その結果、場合によってはブランドが消滅してしまうことにまでなっているのです。

逆に商売がうまい人というのは、とかくお客さんの感情を重視しています。そのためには、自分のほうが感情を捨ててしまってはいけません。先の〝大人になってしまった少年〟ではありませんが、単純に喜び、単純にイヤなものはイヤと思える感覚が必要になります。

そういうことですから、けっこう〝子どもっぽい〟感覚をビジネスに持ち込んで成功している会社というのはあるのです。

一番有名なのは、アメリカのサウスウエスト航空というところ。『破天荒！』（ケビン・フライバーグほか著、日経BP社）という、この会社のことを書いた本がベストセラーになったこともありました。

機体を赤や黄色に塗って〝アメコミ風〟にしてみたり、キャビンアテンダントがチアガールの格好で出てきたり、あるいは客席の上の荷物入れに乗務員が隠れていて、安全設備の説明をしているときに、お客さんをびっくりさせたり……この会社のスタッフがやっていることは、まるで子どものイタズラです。

ただし理由がないわけではありません。

「空の利用を平等化し、国内航空旅行を一般の人々に開放する」ということで、この会社が目指しているのは極力、航空料金を安くすることです。だから短いフライトでは、食事のサービスなどを一切しないのですが、そのぶん、お客さんを飽きさせないように、笑わせたり、びっくりさせたりするようなサービスをしているわけです。

だから面接でもギャグのセンスのある人しか雇いませんし、愉快な社員を表彰することまでしています。社長ですら公式のパーティに女装で現れたりしています。それで二〇〇一年のテロ事件のあとでも、唯一圧倒的な利益を出していたのが、この会社でした。

「笑かす・泣かせる・びっくりさせる」で繁盛している本屋さん

「笑かす・泣かせる・びっくりさせる」という言葉を掲げて、成功している本屋さんがあります。東京の江戸川区にある『読書のすすめ』というのがこの本屋さんの店名ですが、店長の清水克衛さん自身が何冊も本を書いているので、ご存知の方も多くいらっしゃると思います。

この言葉どおりのことを、『読書のすすめ』では本当に実践しています。たとえば店の通路に段ボールに入ったままの本がドシンと置いてあって、「産地直送！　とりたてホヤホヤ」なんてPOPが立ててあったり、人形など意味不明のディスプレイがあったり、マッサージのコーナーがあったり……。

さらに馴染みのお客さんが注文した本を受け取りにいくと、なぜか料金が高くなっている。キョトンとしていると、店の人からこんなことを言われます。

「読んでほしい本を二冊入れときました」

お客さんに合わせて、役に立つ本をわざわざ見つくろってあげているわけです。これだけ見ると商売上手のようですが、逆の場合だってあります。お客さんがカウンターに持ってきた本を、取り上げてしまって売らない。

「もう、この本は卒業してください。こちらの本だったら、売りますよ」

もちろん馴染みのお客さんに合わせてこういったことをするのでしょうが、原則にしていることは、先の三つ。

●お客さんを楽しませる……〝笑かす〟
●お客さんを感動させる……〝泣かせる〟
●お客さんの意表を突く……〝びっくりさせる〟

ですね。

こんなことをする感覚を、店長の清水克衛さんは『まず、人を喜ばせてみよう』(ゴマブックス)という本で、「誰にも頼まれていないのに『相手が喜ぶようなこと』を、イタズラを思い浮かべるみたいにして工夫する」と言っています。

では、それを〝売るために〟と思ってやっているのかといえば、それだったら調査して分析して「相手が喜ぶこと」を導き出すのと同じこと、そんなことは考えません。なぜやるかといったら、結局は自分が〝楽しい〟からなのです。なぜそんなふうに言えるのかというと、実は私自身、この本屋さんを何度か訪れているからです。

そのときは閉店も近い時間で「宴会をしましょう」ということになり、たまたまいたお客さんも含めて、そのまま店でワイワイと会が始まってしまいました。

おかげで私は、大学生の女性のお客さんともお友だちになれました。まあそれはいいのですが、こんなふうに店員もお客さんも一緒に楽しめる場をつくっていることが、この店の繁盛につながっているのです。

うまくいっているのは、素直に感情に従っている人です

大人になると私たちは、感情をコントロールする能力を憶えていきます。もちろん、それは悪いことではありません。気分で怒ったりする上司が上にいたら、あなただってたまったものではありませんよね。

どんなに面白くなくても、お客さんが店に来たら、店員さんは精一杯の笑顔を向ける

ようにする。上司は部下の失敗をグッとこらえて、よくできた部分を褒めるようにする。「今月から給料が半額になります」と言われたら、「ゼロにならなくてハッピー」と〝ポジティブシンキング〟で乗り越えようとする。

もちろん、これらは間違いではないでしょう。店員さんがむっつりとした店には人が訪れないでしょうし、部下もやっぱり褒められたほうが伸びます。みんなが落ち込んでいるときでも、ポジティブな気持ちを持っている人のほうが好かれます。

よく自己啓発の本などに、コップに半分入った水を「もう半分しかない」と思ってしまったら、マイナス感情がどんどん高まっていくだけ。「まだ半分もあるじゃん！」と思う人に、どんどん幸せはまわっていく……なんてことが書いてありますよね。あまりにも有名な人たちが言っているのですから、私も恐れ多くて否定などできません。

でも、水が半分になったコップを子どもに渡してごらんなさい。それで、いまみたいな説明をしたらどうなるか？

「じゃあ、水を入れてくればいいじゃん！」

で、水道の蛇口をひねって、ジャー。簡単なことです。

これは笑い話ではなく、案外重要なことです。たとえば私が高速道路を車で運転していたとします。そこでガソリンメーターを見る、「なんだ半分もあるじゃん!」と前向きに考えて運転を続けていく……。やっぱり不安ですよね。

だったら、すぐにパーキングエリアなどに入って、補給をしたほうがよっぽど快適に走れます。これは当たり前のことです。

同じように、たとえば商品の売上が落ちている。先月まで一千万円売っていたのが、五百万円になった。

「なんだ、まだ五百万円も売れているじゃないか!」なんて、楽天的になってもしょうがないですよね。そんな転換をするより、「ヤバイんじゃないか?」とか、「どうしてこうなったんだ、チクショー!」なんて不安がったり憤ったりして、再びホクホクと笑顔満面でいられるようにするにはどうするか、と考えることが重要だと思います。

これは個人の「辛い」とか、「悲しい」とかいう感情にしても同じです。毎日、上司にイヤな命令を押しつけられて、どんなに頑張っても給料を上げてもらえない。何か提案しても、まだオマエは若いから……などと言われてラチがあかない。それで上司に抗議すると、こんなことを言われる。

「まあ辛くても辛抱だ。十年も待てば、オマエだってそれなりの地位に立てるから!」

「なんだ、たった十年、我慢すればいいんじゃないか！」

そうポジティブ転換した人が、いまいったいどうなっているのか……。

結局のところ「十年も待っていられない」と自分なりの突破口を見つけていった人のほうが、やはりうまくいっているのです。これは〝素直に感情に従う〟ということ。人間として、ごく当たり前のことをやっただけなのです。

結局、感情というのは、自分の脳が発しているサインなのです。怒ったり、不満だったり、不安だったり、悲しかったりするのは、そこに問題が生じているということ。逆に笑っていたり、満足していたりするのは、「うまくいっている」ということです。

だからこそネガティブな感情は、問題解決のチャンスでもあります。大切なのはそれを打ち消すのでなく、〝笑えるようにつくり変えていく〟という発想なのです。

たとえば子どもに粘土などを与えると、必死にそれでいろいろなものをつくろうとします。でも飽きてくると、今度は的のようなものをつくって、粘土の玉を当てるようなゲームを開発したりする……それと同じです。

考えてみれば、先に紹介したサウスウエスト航空にしても、『読書のすすめ』という本屋さんにしても、「まずは自分たちが楽しんでしまおう」という発想でした。それが結果的に、お客さんを巻き込んだ楽しい場をそこに提供することになる。

こんな工夫はいくらでもできるでしょう。たとえばリクルートでは、営業マンの成績報告会を「T－1グランプリ」という〝お祭り〟に変えてしまったそうです。K－1のもじりで、各営業所のトップが選手のような感じでエントリーされる。そして周囲の人間は、応援団などをつくって、選手の支援にまわるとか。

そういえば私がかつていた会社でも、定期的に、社長や役員が決まりきったことを言う会議が行なわれていました。あまりにも意味がないものですから、私たちは裏で「今日は誰々部長がこんな発言をする」と、予想するようなゲームを楽しんでいました。

ところがこれが役に立つのです。というのも、社長や部長の発言を予測するには、販売戦略の現況や、競合会社の情勢、また世間の動向などといった情報を押さえておく必要があります。また、「部長が副社長の話を受けてこんなことを言うな?」など、微妙な人間関係を押さえておく必要もあります。これは結構、自分の仕事を有利にする勉強になったりもするのです。

不満も解消されるし、勉強にもなる。だからあなたの会社にそんな会議があったら、ぜひチャンスと思って、遊んでみてはいかがでしょうか?

なぜ〝怒る人〟がビジネスの世界で、こんなに好かれるのか

ネガティブなものを〝笑えるもの〟につくり変えることも重要ですが、感情のとおりに素直にアクションを起こすことも、子どもの持っている特徴です。つまり、「怒りたくなったら怒る」「泣きたくなったら泣く」ということです。

経営者や、優れたビジネスマンには、実は〝よく怒る〟ことで知られている人が大勢います。といっても、人はやっぱり怒られるよりも、褒められたほうが仕事をしやすいですよね。それなのになぜ人からの信頼を集められるのかといえば、理由があるのです。

たとえば、スタジオジブリの名プロデューサーとして知られる、鈴木敏夫さんという人がいます。この人は「よく怒る人」として有名だそうで、『ジブリマジック』（梶山寿子著、講談社）という本にも、「圧倒的な存在感とある種の威圧感。身体に似合わぬ大きな地声。この声で怒鳴られたら、大の大人でも震え上がってしまうだろう。そして実際、よく怒鳴る」と記述されています。

でも、なぜ〝怒る〟かといえば、それだけ真剣だからなのです。そんな情熱が伝わるから、周りの人もそれにしたがって感化されていくということ。実際にこの本を読むと、いかに〝怒りん坊〟であるプロデューサーが周囲から愛されているかも知ることができます。

同じようにやはり真剣に怒るのが、企業再建のプロフェッショナルとして知られる、日本電産の永守重信社長です。その怒り方について、永守社長は『奇跡の人材育成法』（PHP文庫）という自著でこう書いています。

私は演技で叱っているのではない。真剣に叱っているのである。真剣であるがゆえに、相手の立場や恥など全く考慮に入れない。

その結果、花瓶やガラスを割るのはしょっちゅうだし、テレビも二〜三台壊したこともある。私が怒り出すと、女子社員は、まわりにあるものをかたづけ出すくらいだし、叱られている本人も恐怖を感じるらしい。

これも激しいですね……。

ただ、重要なのは、鈴木プロデューサーも永守社長も、仕事の目的を達成させるために怒るのであり、真剣に仕事をしているからこそ生まれる感情をストレートにぶつけているのだ、ということです。

つまり決して個人攻撃をするのでも、自分の利益のために怒っているのでもありません。〝気持ち〟を伝えるために怒っているのです。

たとえば、鈴木プロデューサーは、監督などの創造性を傷つけるようなことはしないと述べています。

これはクリエイターを売り出し、作品を市場で受け入れられるようにしていくという〝プロデューサー〟の仕事に忠実なわけです。原稿をボツにするときに、著者に「こんなクズを持ってくるな」なんて個人感情で怒る編集者がいますが、こういう怒り方ではまったくないのです。

また、永守社長のほうも、ふだんから腹を割って話し、怒る前に必ず本人のことをよく知るようにしているそうです。たとえば、「オマエ、状況が見えないのか！　その目は節穴か！」なんて怒った場合、もし相手が目にハンデを負っているなら、これは大変なショックになってしまいます。

それ以外にも、怒るタイミングなどには配慮しているそうです。だから落ち込んで本人が挫折してしまうような叱り方は、どんなに感情的になってもしない。あくまで「伸びてくれるように」叱っているのです。

これに反して、ときどき上司には「バカ！」とか、「辞めてしまえ！」とか、女性に対して「だから結婚できないんだ！」などと、まるで個人攻撃しかしない人もいます。これもやっぱり、自己満足で怒っているに過ぎないのです。

ストレートに怒れるからこそ、ストレートに人を褒めることもできる

子どものときを振り返ってみると、誰でも怒った経験はあると思います。

それでどんな場合に怒ったかといえば、「お父さんが遊園地に連れて行ってくれると言ったのに、約束を破った」とか、「大切にしていた人形を、隠されてしまった」とか、「いきなり暴力をふるわれた」とか、そういうものでしょう。まあ最近なら理由もなくキレる子どももいるのでしょうが、本書の読者にはいないものと信じております。

つまり、相手の人格を否定して怒っているのでも、自分の利益を守るために怒っているのでもなく、純粋に〝行為〟に対して怒っているわけです。

実は〝怒っても好かれる人〟の怒り方は、これに似ています。たとえば鈴木プロデューサーなら、相手を説得するのに、情がこもり過ぎて〝怒り〟になってしまう。あるいは永守社長なら、よく怒るのは、〝実力があるにもかかわらず、それだけのことを実行しない〟というケースが多いようです。

いずれも〝怒る〟という感情を伝えたいがために、怒っている。ある意味〝子どもの怒り方〟なのです。

でも、大人の怒り方というのは、そうではありません。たとえば、「テストの成績が悪い」と言って怒る。これは若い社員に、売れない商品なのに「〇〇円分売ってこい！」と怒鳴りつけて、やっぱりダメだったら、また怒るのと同じ。あくまで自分の利益のためだけに怒っています。

あるいは、前に述べたように「クズを持ってくるな」と怒る編集者などは、あくまで自己満足のために怒っています。それはそうでしょう。「相手に伸びてほしい」という意図などないのです。ただ自分の欲求不満を吐き出したいだけです。

これではもちろん〝感情〟が相手に受け入れられるわけがない。いずれも自分かわいさで怒っているに過ぎません。

さらに怒ってケンカしても、すぐにまた仲直りできるのが子どもの特徴です。これも相手そのものを否定しているのではないから、すぐにできるのでしょう。

同じようなことが、〝怒って好かれる人〟たちにも、やはり言えます。だから鈴木プロデューサーや永守社長に言えるのは、よく怒るぶん、やはり相手を褒めることも多いということです。

実際に鈴木プロデューサーの場合なら、「彼に褒められたいために仕事をしている」とまで言う人も多くいるそうです。また永守社長などは〝年に三回部下を褒める〟というルールまでつくり、しかも直筆の手紙まで書いて部下を褒めるそうです。

さらに永守社長で面白いのは、自分の〝怒る〟特徴を、部下へのアピール材料にまでしていること。これが「叱られ賞」という制度で、〝人は叱られて一人前〟という発想から、叱った相手にボーナスを加算するそうです。

怒った気持ちをストレートに表現することは、本来はこれほど〝気持ちのよい〟ものなのでしょう。

〝悲しい〟や〝悔しい〟にどれだけ敏感になれるか

〝怒る〟という感情に対して、〝悲しい〟とか〝悔しい〟という感情は、内にこもったものです。いくら泣きたい気持ちになったところで、仕事中に、その場で泣く人はめったにいませんよね。

もちろん、それで構わないのです。悲しさや悔しさは、本人が心のなかで解決すべきもの。現実にそういう気持ちをバネにして、大きく飛躍している人はたくさんいます。

「子どものころ貧乏だったのをハングリー精神にして、いまや大金持ちになった」とか、「ブサイクとバカにされた女の子が、自分を磨いて、いつしか大女優になった」とか……。

だから悲しさや悔しさも大切にしてほしいのですが、それについてはあまり突っ込みません。なぜならそれは子どものころの純粋な〝悲しみ〟というより、むしろ他者との比較や、評価があってこそ出てくる感情だからです。

それより子ども特有の能力として思い出してほしいのは、〝自分が悲しくなくても、悲しみを感じとれる〞能力です。たとえば私は子どものころに、捨てられた子猫を拾ってきた経験があります。「ただ可哀想だったから」というのが理由ですが、考えてみれば大通りに捨てられていたのだし、気づいていた大人はたくさんいたはずなのです。

でも、理由をつけて無視してしまう……。もちろんいまの私だって、見つけたらどうするかわかりません。家に連れて帰るのは、勇気がいるでしょうから。

同じように、身の周りにはそれぞれが内に隠している〝悲しい〞や〝悔しい〞が、たくさんあります。でも、捨てられた子猫と同様に、これは放っておかれている。だからなかなかオフィスの環境もよくならないし、売れる商品も出てはこないのです。

売れる商品……などというと意外でしょうか？

でも、私は先に「怒ったり、不満だったり、不安だったり、悲しかったりするのは、そこに問題が生じているということ」と言いました。つまり、問題を解決することができるものであれば、そこにニーズはあるのです。

これは別に金儲けをしようと思うのではありません。「ただ、悲しんでいる相手を助けてやろうと思う」だけのことなのです。

そんなふうにしてヒット商品をつくり出したのは、かつてリクルートに所属していた、くらたまなぶさんです。商品とは、あの女性向け転職情報雑誌『とらばーゆ』でした。『MBAコースでは教えない「創刊男」の仕事術』（日本経済新聞社）という本に、このときの経緯が記述されています。二十代で新しい雑誌の創刊を任されたくらたさんでしたが、「女性向けの仕事の情報誌」という案以外は、何も決まっていませんでした。いったいどんな雑誌にしたらいいいか、もよくわからない。

だからくらたさんは、とにかく身の周りの女性に、ひたすらインタビューをしまくったそうです。

そこで出てきたのが、大量の〝悲しい〟〝悔しい〟でした。

「給料が安い」「大きい仕事は男性に回される」「事務職は嫌だ」「いつも買い出し役」「同期の内勤の男にお茶は汲ませないくせに」「課長もひどいこと言うんですよ」などなどです。

そして、これらの〝悲しい〟や〝悔しい〟を素直に雑誌に反映させることにした。その結果、社会現象となるほどの大ヒットにつながったのですが、これは単に儲かったという話ではない。それだけの数の女性の〝悲しい〟や〝悔しい〟を、〝嬉しい〟に変える手伝いをした、ということだと思うのです。

『ビックコミックオリジナル』（小学館）の連載で、手塚治虫さんの『鉄腕アトム』を浦沢直樹さんが現代版にアレンジした、『PLUTO』というマンガ作品があります。

次の会話は〝子ども〟であるロボットのアトムくんと、主人公の大人のロボット、ゲジヒトのものです。

ゲジヒト「新しいオモチャを買ってもらった子を見て、君も本当に欲しいなと思った……？」

アトム「はい！　あれ、今子供達の間で大人気なんですよ！　〝フライングソーサー〟！予約待ちなんです！」

ゲジヒト「……さっき雨の中でカタツムリを見つけたね？　あれは、ただ有肺類マイマイ科の生物を採取したというよりも……何か胸にグッときたのかい？」

アトム「どうかなあ……」

ゲジヒト「いや……ちょっと聞いてくれ。生命を見て感動したんじゃないのかな……」

アトム「それはどうかな……わかりません。」

ロボット同士の会話の設定ですが、何となく大切なことを忘れてしまった大人が、〝より高性能である〟子どもに対して、「感情って何？」なんて、尋ねているような場面にも思えてきます。

〝笑う〟にせよ〝怒る〟にせよ、あるいは〝悲しい〟にせよ〝悔しい〟にせよ、決して論理的なものではありません。だからアトムくんの言うように「わからない」のです。

ただ重要なことは、素直に〝感じる〟ということです。自分の気持ちにせよ、他人の気持ちにせよ、ネガティブなものなら、ポジティブにしてやろうと思う。許されないことであれば、真剣になって誠意をもって〝怒り〟を伝える。

それが最も大事なことではないでしょうか。

コドモゴコロ 7

ワクワクする楽しさ

冒険する力

——何か一つ、〝ワクワクできること〟を探してみよう——

冒険を始めるのに、難しい理由なんていらない

本書を執筆するにあたり、ホントに何十年ぶりかで開いた一冊の本があります。私は何度か住む場所を変えていますが、それでも捨てることはなく、ずっと書棚にはあった、そんな本です。

この本はルース・スタイルス・ガネットという人が書いた『エルマーのぼうけん』（福音館書店）という本です。

アマゾンで調べると、初版が一九六三年。それからずっと現在まで読みつがれている、幼年童話の最高峰の一つと紹介されていました。それだけ有名な童話のようですから、お読みになった方は大勢いらっしゃるかもしれません。

どんな物語かというと、これがシンプルかつ、何とも大胆なのです。

主人公のエルマーは、本の語り手のお父さんのようです。彼が子どもだったときの話で、年齢はいくつかわかりません。エルマーは大人になったら「飛行機にのって、空を

飛んでみたい」と夢見ていました。

ある日、彼は近所で年取った野良猫に会います。親切にしたことがきっかけで、猫は彼に〝いますぐにでも夢が叶う方法〟を教えてくれます。

それは「どうぶつじま」にまつわる話でした。ジャングルで、ゴリラだの、ライオンだのが支配している、恐ろしい島ということ。ところがある日、その島に一匹の竜の子どもが空から落っこちてきます。で、この子はつかまり、川の渡し役として、こき使われることになってしまったということ……。

「つまり、その竜の子を助けて、仲良くなれば、のっけてもらって空を飛ぶことができる！」

驚くなかれ、たったそれだけで、このエルマー少年は、ただ一人、猛獣が支配する島に乗り込んでいくわけです。別に世界を救うわけでもなければ、所詮は見も知らない竜の子です。しかも空を飛ぶことだって、竜の子がどう言うかもわからない。だまって待っていれば、そのうち飛行機に乗る機会はあるかもしれません。

でも、何の躊躇もなく、ただ当たり前のように冒険は始まります。まったく迷いはありません。困難らしきものも、この少年、ほとんど困難と思っていません。それで竜を見つけ、一発で友だちになって、さっさと空を飛んで「どうぶつじま」を去っていきます。

なんかすごいでしょう?

ここには「ドラクエ」や「ガンダム」はおろか、ウルトラマンや仮面ライダー並みの複雑ささえありません。ただ先のことにワクワクして、さっさと冒険に踏み出し、リスクも困難もさささーっと軽く考えて乗り越えていく。シンプル・イズ・ベスト、そのままです。

実は私が所有しているこの本の見返しには、当時の小学校の校長先生が書いてくれたメッセージがあります。私はこの先生をほとんど知りませんでした。というのも、私は小学校に入学してからそのあと数か月、ほぼ病院で過ごしていました。だから学校には行っていなかったのです。

退院したらワクワクするような小学校生活が待っていますから、いまは気楽に〝入院生活〟という冒険をこなしていってください——おそらくはそんな意図だったのでしょう。

だから私は、いまだにこの本を、大事に書棚のなかに入れています。

竜はいったい、どこにいる

小学校一年のときの私にとって、エルマーの目指した竜は、〝退院すること〟でした。

では、あなたにとっての竜は、何でしょうか?

前に私は、リクルートの『ビーイング』という雑誌で、ちょっとした転職指南のアドバイスをさせていただいたことがあります。UFJ総研のコンサルタントである吉田寿さんと、一人の「転職しようかどうしようか」という相談ハガキに対して議論するものでした。

その相談主は、三十代の後半で、IT企業にいて人事コンサルタントのようなすごい職にある方でした。年収も九百万円ということですから、大したものです。

この方はあるとき、海外への転勤を命じられます。子どももいるから断ったのですが、その結果、今度はシステム部門に異動させられてしまいます。そこには年下の上司がいて、毎日のようにガミガミやられるとのこと。

では、転職するべきか……ということなのですが、どうも自分のキャリアに自信がない。ということは転職したら、給料が下がることは必至。私立の小学校に入れてしまった子どももいるし、すでに購入した家のローンもある。いったいオレはどうしたらいいんだろう……?

と、まあこういう相談だったわけです。

正解なんてどこにもありません。これだけのキャリアもあるし、実力のある方のようですから、たとえば外資系企業などに転進すれば、「さらに給料倍増」なんてこともあるかもしれません。

かといってリスクがないわけではありません。給料が下がってしまうかもしれないし、それこそ家族離散なんてことになってしまう可能性だって、もちろんないとは言えません。とはいえ、グズグズしていたら、転職するチャンスが小さくなっていくという逆のリスクだって、あるにはあります。

それでも、〝ちょっと待て〟ということを私は提案しました。

なぜかっていうと、〝竜がいない〟のです。

つまり、エルマー少年が探しにいった、あの竜です。リスクも困難もさきーっと軽く乗り越えさせ、ただ先のワクワク感で胸をいっぱいにする、そんな竜です。

別に竜は何でもいいのです。それこそ、転職したら、さらに高額の人事コンサルタントになって、給料も大幅にアップして、本まで書いたりして、それこそワクワクする未来が広がっていくかもしれません。

かといって、竜が別の会社にいるとは限りません。「いまの会社で再び人事コンサルタントにカムバックする」だって、立派な竜です。それなら社長に直談判して交渉するなり、「自分は人事のプロなのだから、給料はいらないから、経験は生かしてほしい」なんて言って、ムリにでも仕事に携わっていく方法があるかもしれません。

あるいは「キャリアを生かしてほしい」というのだって、私たちの勝手な期待です。本人にとっての竜が、あくまで奥さんや子どもたちの未来にあるのだったら、「じゃあ今度はシステム部門でプロになってやる」という具合に、心機一転していくのだって一つの方法です。そうしたら「今日は、年下の上司とどんなふうに渡り合ってやろうか」なんて、困難を乗り越えるモチベーションも出てくると思います。

ただ、竜が見つかっていないのです。だから相談しているのでしょうが、誰もやっぱり竜を提供することはできない。結局は自分で見つけるしかありません。

でも、それを探すのは決して難しいことではありません。異業種交流会でもいいし、あるいはホントに履歴書だけ出してみるとかして、外の情報を集めてみるのでもいい。社内のいろんな人に会ってみたり、イヤな上司と腹を割って話し合ってみるのでもいい。

その分だけ、ちょっと待ちなさい……というのが、私の意見だったのです。

重要なことは、それにワクワクすることです

竜はやっぱり自分で見つけるしかありません。にもかかわらず、世の中にはありがたいことに、竜を押しつけてくれる人がいっぱいいます。本屋さんに行けば、それこそ竜がいたるところに転がっています。

「起業するべきだ」とか、そんなことより「株をやりなさい」とか、いや「年収三百万円で快適生活ができるんだ」とか、それより「私の教えを信じなさい」とか……。

まあ最後の宗教的なものはあまりお勧めしませんが、どれもこれも竜の一つなのです。でもそれは、これらを〝ワクワクするものと感じられる人にとって〟ということです。

だから起業すれば、ワクワクして楽しい人生が待っている、などと安易に思ってしまったら間違いです。

たとえば私は独立して会社をつくっていますが、それ自体は別にワクワクするほど楽しいものではありません。仕事は確かに自由……にはできるのでしょうが、そのためには自分で仕事をつくらなければなりません。だから何でもかんでも勝手にできるわけではないし、常に「この先どうなるのか?」という不安と闘っていかなければなりません。

さらに楽しいばっかりの仕事ではありません。経理の問題も考えなければならないし、人を使う問題もあります。サラリーマンと違って気楽、どころではありません。サラリーマンだったら考えなくてもいい困難が、多々出てきます。

かといって昔のような会社勤めに戻りたいかといったら、そんなことはありません。もともといまの私の仕事は、サラリーマン時代にサイドビジネスとしてやっていた仕事の延長です。そのころから会社に隠れてコソコソと、こんなふうに作家として本を書いたり、人をプロデュースするような仕事をしていました。

もちろん会社の仕事がキライだったわけではないのですが、どちらかいえば、サイドでやっている仕事のほうが〝ワクワクするもの〟でした。これが私にとっては、竜だったわけです。

だからこそ、冒険に踏み出します。私にとってはリスクだった事務所をつくって、会社をつくるということも、軽ーく……とは言えないのですが、とにかく突破したわけです。いまもそんな〝ワクワクすること〟を続けていたいですから、やっぱり困難があれば越えていきます。

これは別に、会社に属していたって同じだと思います。たとえばベンツという会社にいて、この車を愛し、この車を多くの人に乗ってもらおうと、営業活動をしている人がいます。この人に「なんで独立してディーラーにならないのですか?」とか、「ウチの健康食品を売ったほうが儲かりますよ」なんて言ったところで、何かおカド違いですよね。

あるいは警察官として、市民の安全を守ることに生き甲斐を感じている人がいたとします。この人に「株をやったほうが、もっといい人生が待っているのです」と言うことも、まったくナンセンスです。

警察官といえば、『踊る大捜査線』という映画にもなったフジテレビのシリーズがありました。このなかには、織田裕二さん扮する「現場にいて、生の人たちを直接助けていきたい」とする刑事と、柳葉敏郎さん扮する「出世して、警察機構がもっと皆を助けるように変えていきたい」とする二人の刑事が出てきます。

どちらも、やはり正しいのです。それぞれがそれぞれの竜を求めるから、道が違っているだけのこと。それぞれが〝ワクワクしているもの〟を求めているだけのことです。

もちろん「純粋に起業したい」だって、それは変わりありません。たとえばサイバーエージェントという会社をつくった藤田晋さんの、『渋谷ではたらく社長の告白』（アメーバブックス）という本を見ると、ずっと「自分の会社をつくりたい」という夢を持っていたということが書かれています。

藤田さんにとっては、それ自体が「ワクワクするもの」だったのです。だからチャンスにも敏感に反応することができたし、創業してからのあらゆる困難にも打ち勝つことができた。そして会社をつくってから、それを「二十一世紀を代表する会社にする」と竜をさらに追い求めた……わけです。

「お金持ちになること」で、出発できるとは限らない

独立するにしたって、転職するにしたって、あるいはそのまま会社に居続けるにしたって、やっぱり冒険なのです。つまり先には困難が立ちふさがります。独立したら、「潰れるかもしれない」というリスクを抱え込むし、会社にいたら「上司の命令を聞かなければいけない」というリスクを抱え込むかもしれません。

それを言ったら、買い物に行くことだってリスクがあるし、家でテレビゲームをしているのだって、やはりリスクはあるのです。通りには車が走っているし、ゲームをしていたらそのうち脳が冒されて、その辺で銃を乱射するようになるかもしれない……ホントかどうかは知りませんが。

それでも〝ワクワクする思い〟があるから、人は冒険に踏み出すのです。そして子どもなら、それこそエルマーのように、場合によっては命がけの冒険にまで出ていくこともある。しかもたった一人で、一人ならぬ一匹を救出するために無法地帯へ乗り込んで

いくのです。ここまで無謀なのは、『ランボー3』くらいしか、私には思いつきません。

要するに、ワクワクするから冒険をするのです。間違っても、ワクワクしたいとか、ワクワクするものを探すために冒険をするのではない、ということです。

なのにみんな、そこを勘違いして、先に冒険することばかりを考えています。そして気軽に「起業」やら、「株」やら、「儲かるノウハウ」に手を出してしまう。そうすると待っているのは、ワクワクより先に〝リスク〟……。

だから、困難を乗り越えることができなくなってしまうのです。

これを最も象徴するのは、「年収を○千万円稼ぐ法」とか、「億万長者になる法」とか、「大金持ちになる法」とか、そういうものです。

もちろん、「億万長者になる」なんて言葉だけ聞いたら、ワクワクしますよね。でも、はっきり言ってしまえば、そんなに簡単に億万長者になるノウハウなんてあるわけがありません。それ相応の努力がいることは確かです。

すると、それだけの大変な努力を簡単にささーっと、乗り越えられるだけのワクワク感がいったいどこにあるかが問題になります。

そこで考えてみてください。お金自体は、単に交換アイテムに過ぎません。重要なのは、それによって手に入るものです。するとどうでしょう、お城のような家とか、ずらっと並んだ執事やら使用人やら、たとえるならそれは、命がけで冒険するほど欲しいものなのかどうか……?

だいたいいまの世の中、身近に欲しいものなら、ちょっと頑張ればローンで手に入る時代です。それとも、そんなふうにお金に追われなくてもいい、一生働かなくてもいいような暮らしがしたいから、お金がほしいのか?

そうすると私は、のんびり暮らしているジャングルの住民に「なぜ働かないんだ?」と説教にいった経営者の話を思い浮かべます。知っているでしょうか?

経営者「あなたたちは間違っている。人はもっと汗水たらして、働くべきだ!」
住　民「何のために働かなきゃならないのよ?」
経営者「そうすれば、もっともっとお金持ちになれるだろ!」
住　民「お金持ちになったら、どうなるの?」
経営者「そうすれば、毎日、遊んで楽しく暮らせるようになるじゃないか」
住　民「でも、いまそうしているのだけど……」

もちろん本当に億万長者の生活を夢見て、一生懸命に努力して、本当にそうなった人はいます。あるいは第4章で紹介したウォーレン・バフェットのように、〝お金を増やすこと〟それ自体にワクワク感を感じて、投資の世界で大成功する人もいます。バフェットなどは稼いだ金は寄付するとまで言っていますから、本当にお金を動かすこと自体が楽しいのでしょう。

でも、それ以上に多いのは、お金ではなくほかのものに〝ワクワク感〟を持ち、結果としていまお金持ちになっている人なのです。つまり、竜は別のところにいたのです。

だから、「お金持ちになろう」とイメージトレーニングをしたり、年収目標を一生懸命に立ててみるより、むしろそっちの〝ワクワク〟を見つけにいったほうがよっぽど早いのではないか、と私は思います。

十三歳に戻らなくたって、〝夢のあるハローワーク〟は持てるはず

少し前に、村上龍さんの『13歳のハローワーク』（幻冬舎）という本がベストセラーになりました。これは、子どもたちがそれぞれ持っている〝ワクワク感〟を、将来の仕事にそのままつなげるにはどうすればいいか、というテーマでつくられた本だと思います。

たとえば私は子どものとき、近所に虫を採りにいくのが大好きでした。そこでこの本の「虫が好き」という項目を見ると、養蜂家、養蚕家、釣りエサ養殖、クワガタ養殖、害虫駆除……などと、さまざまな職業が紹介されています。まあいまの私が手でつかめるような昆虫は、せいぜいクワガタくらいかもしれません。

ただ、ファーブルだって三十代から昆虫観察を始めたくらいですから、いまから生物学者を目指したって不可能ではありません。

また別の方法だってあります。私の知人に、早川いくをさんというデザイナーの方がいますが、この人は自分が興味を持っていた動物を本にまとめて『へんないきもの』（バ

ジリコ）というベストセラーまで出してしまいました。私の本より何倍も売れていますから、ちょっと悔しい話です。

もちろん、子どものころに好きだったものを思い出してみてもいいのです。

おそらく『13歳のハローワーク』という本が売れた背景にも、そういう部分があるのでしょう。この本は十三歳の子どもではなく、むしろ大人たちが読んで売れました。いま現在の仕事では見えないワクワク感を、子ども時代に遡って取り戻せたらという願いが見え隠れします。

でも、そんなことをしなくたっていいのではないかと私は思います。重要なのは〝子どものころ〟を思い出すことでなく、〝子どものころの感覚〟を思い出して、いまの環境のなかから「ワクワク感」を再発見すること。そうすれば私たちは、子どものころに中断してしまった冒険を、再び始めることができるのではないでしょうか？

こんな再発見は、何も自分の職業観を見直すような大胆なものでなくていいのです。「空を飛びたい」と思ったエルマーくんのように、本当にシンプルな思いで構いません。

たとえば前章で取り上げたような、不満の感情。「なんで、こんなことをやっているんだ！」なんてものだっていいのです。かつて大企業を訪問したとき、オフィスに設置される前のパソコンが広大なスペースに無造作に並べられているのを見て、唖然とした人がいました。見ると初期設定をして、不要なソフトを取り除く作業をするだけのために、この広大なスペースが使われているのです。

そこで、素直に反応します。

「最初から、不要なソフトを取り除いて出荷してもらったらいいじゃないですか？」

「だって、やってくれないんだもの……」

「私がやりますよ！」

ここからは〝ワクワク感〟ですよね。こうして出来上がった企業が、かのデルです。このとき小さな驚きから出発して、大冒険を始めたのが創業者のマイケル・デルでした。

疑問や好奇心、正義感、競争意識、怒り、悲しみ、不安……これは何だってかまわないのです。子どものときの感覚の力については、本書で説明してきました。あとは出発だけ、難しいことでも何でもないのです。

『スタンド・バイ・ミー』で描かれた小さな冒険の意味

子どもたちの冒険は、ホントに小さなことから始まります。そんな様子を描いた、『エルマーの冒険』よりもっと現実的な小説があります。映画にもなっていますから有名ですね。スティーヴン・キングの『スタンド・バイ・ミー』（新潮文庫）という物語です。

なぜか本書と同様、この小説も〝秘密基地〟で始まります。大きな楡の木の上につくった小屋がその〝基地〟でしたが、それぞれ家庭に問題を抱えた四人の子どもがここに出入りしています。

ある日、そのうちの一人が「行方不明になった子どもの死体がどこどこにある」という情報を持ってきます。ニュースでもやっていた、ブルーベリー摘みに行って行方不明になった子どもです。電車にはねられて、十数キロ先の線路脇に転がっているとのこと。そこで恐いもの見たさと、〝発見したら英雄になれる〟という気持ちで、二日間の小さな冒険が始まります。

ホラー作家で知られるキングの小説ですが、あとは何のこともない旅が続きます。行く手を阻むのは、列車であったり、近所の不良であったり、途上にあるゴミ捨て場の管理人が飼っているどう猛な犬……つまり、あらためて考えると何でもないようなものばかりです。

それでも主人公たちは大冒険をし、言葉では説明できない、何とも言えないものをつかみます。だから大人になり、作家となった主人公は、最後まで発見されなかった死んだ男の子の持っていたブルーベリー用のバケツを、いまでも探しに行きたくなることがある。そのときの感情を、こんなふうに記述します。

わたしはかつて地球を股にかけて、歩き、話し、ときには爬虫類のように腹で這いずりまわった、前青年期のゴードン・ラチャンス（筆者注：主人公の名）に、いちばん近い気分になるのだ。あの少年はわたしだ、と思う。そしてあるひとつの思いが、まるで冷たい水の奔流のように、わたしをこごえさせる。〝どの少年のことだ？〟と。

最後に「どの少年のことだ?」と現実に戻ってしまうように、私たちは子どものころの体験をリプレイすることはできません。「あのころは良かったなあ」なんて、都合よく記憶を再生するだけです。

ところが、この物語の主人公は、都合のよい記憶をつくるのではなく、〝当時の感覚〟に近いものを、ときおり発動させることができているのです。たったそれだけなのですが、これがとても重要なことではないかと私は思います。

というのも、この小説はスティーヴン・キング自身の子どものころの体験を題材にしたとされています。つまり、ゴードン・ラチャンスという主人公は、彼自身そのままということ。

ご存知のように、キングという作家は『キャリー』『シャイニング』『ショーシャンクの空に(映画タイトル。原作は「刑務所のリタ・ヘイワース」、『ゴールデンボーイ』収録)』『グリーン・マイル』などなど、とにかく書けば映画になって大ヒットするという、天才的なストーリーメーカーです。

では、なぜそんなアイデアが出てくるかというと、やはり〝子どもの発想〟を持っているのです。だから大人として体験するさまざまなことからでも、何かしらの〝ワクワク感〟を感じることができるのではないのでしょうか。

『スタンド・バイ・ミー』のなかに、主人公が一人だけで、シカと遭遇する場面があります。たまたま歩いているとき線路のところにいたシカと目が合い、しばらく見つめ合った、ただそれだけのことです。

ところがこのとき主人公は、言葉では説明できない、神秘的な感情を抱きます。そしてその体験を誰にも話さず、ひたすら胸にしまっておく。〝ワクワク感〟を感じるとは、こういうものだと思います。

たとえば、遠足の日の前の夜を思い出してみてください

「人生は恐れを知らぬ冒険か、それとも無かのどちらかである」

――と、そんな言葉を述べている人がいます。

この人物は、ヘレン・ケラーです。

ちょうど子どものときに見たテレビ番組が再放送されていたり、昔見た映画をたまた

ま見たり、あるいは幼なじみにふと再会したりして、「あらためて考えると、こういうことだったのか!」と、子どものころを追体験することがありませんか?

実は最近になってから、ヘレン・ケラーが大学生のころに初めて書いたという本が、日本で初めて翻訳されました。『楽天主義』(サクセス・マルチミディア・インク)というのがその本ですが、私は昔の偉人伝のようなもので味わった感動を再体験したわけです。

この人は、たしかにすごいのです。何がすごいかといえば、視力と聴力、それに子どものときは発語能力も失っていた彼女が、福祉活動で多大な貢献をしました。だからもちろん、すごい。

でも、もっとすごいのは、「私にもこれだけできるんだから、皆さんも頑張れるはずです……」なんてことは一言も言っていないことなのです。

そもそも〝三重苦〟だったことを、ヘレン・ケラーは本の中で「神が与えてくださった能力」と表現しています。だからそれを「増進」させて、もっと世に役立てようと思ったということです。

たとえばヘレン・ケラーがどんなに自分を生かして努力したくても、二十世紀初頭のことです。障害者の労働環境が恵まれているとは言えませんでした。いまもそれは同じかもしれません。

だから彼女は一生懸命に努力し、発声法を覚え、読唇術を覚え、タイプライターまで打てるようになります。そして著作活動に、講演活動にと、今度は障害者の労働環境を変えていく側にまわって活動を続けていくわけです。

それでも、悲痛なものは何もありません。だって〝ワクワク〟が待っているのですから。

これは私たちだって同じことなのです。現状と脱却したところに〝ワクワク〟を探すのではなく、もう一度、子どものころのような視点に立って、周囲をながめてみる……。それで冒険も始まっていくのではないでしょうか?

ちょっと遠足の日の前の夜のことを思い出してみてください。決してそれは楽しいことばかりではなかったと思います。クラスには仲の悪い子もいたかもしれませんし、怪我をするかもしれない、騒いで先生に怒られるかもしれない。私などはしゅっちゅうバスのなかで車酔いをしていましたから、ホントならそっちの不安もあるはずです。

にもかかわらず、前の日にはやっぱりてるてる坊主をつくり、ワクワクして眠れなかったりしていたのです。そんな気持ちで、明日の仕事を考えてみる。午後の商談を考えてみる。次に出す企画を考えてみる……。

それが、まず出発点ではないでしょうか?

先の本から、ヘレン・ケラーの言葉を引用しましょう。

幸せの扉がひとつ閉じるとき、別の扉がひとつ開く。
けれども、私たちは閉じたほうばかり見つめていて、
私たちのために開けられた扉に気づかないことが多い。

どうぞ子どものときのような感覚に立ち戻り、開いた扉のほうに進んでいってくださいませ。ヒントはすでに申し上げたとおりです。

- 〝疑問を持つ〟力
- 情熱を持って進む力
- 自分は〝正しい〟と信じる力

●「負けたくない」と思う力
●「優しくなる」力
●感情を表現する力
●冒険する力

すべてあなたが持っていたはずの能力ばかり。これらをあなたの冒険に生かしていただくことを、著者として心から願っております。


最後に、本書の発行に尽力いただいたビジネス教育出版社ならびに城市創事務所。

また企画から出版までお力をお貸しいただいたアップルシード・エージェンシーの鬼塚忠社長と深澤晴彦さん。

また原稿のチェックや資料収集、アイデアなどに多くの方の手をお借りしました。この場を借りて、御礼申し上げます。

さらに、ここまでお付き合いいただいた読者の皆さま、本当にありがとうございました。次なる冒険でまた、お会いできたら何よりです。

著者

夏川賀央―― なつかわ・がお

1968年、東京都生まれ。早稲田大学第一文学部卒。大手出版社など数社を経て独立。会社経営のかたわら、作家、「できる人」研究家として活躍中。人材プロデューサーとして各分野の異才たちを発掘し、ネットワークを通じた“非組織プロジェクト”で多くのビジネスをしかけ、成功している。舞台裏での活動が主だが、プロデュース、ペンネームなどでビジネス、自己啓発に多数の著書を送り込んでいる。著書に『会社を踏み台にして昇る人　踏み台にされて終わる人』（コンシャスプレス）、『「仕事を面白くしたい」ときに読む本』（PHP研究所）、『成功者に学ぶ時間術』（成美文庫）がある。

著者エージェント：アップルシード・エージェンシー
www.appleseed.co.jp/

大人のアタマで考えない。

2006年7月29日　初版第1刷発行

著　者　夏　川　賀　央

発行者　荒　木　義　人

発行所　株式会社ビジネス教育出版社

〒102-0076　東京都千代田区五番町5－5
電話 03(3221)5361（代表）／FAX 03(3222)7878
E-mail▶info@bks.co.jp URL▶http://www.bks.co.jp

落丁・乱丁はお取り替えいたします。

装丁／求龍堂デザイン工房
印刷・製本／（株）啓文堂

ISBN 4-8283-0099-6

持っていたはずの
力を思い出して、
冒険に出かけよう。